Eva Kloppe · Blumen für den Herrgott

EVA KLOPPE

BLUMEN
für den
HERRGOTT

Erinnerungen an Mecklenburg, Krieg und Flucht
nach Schleswig-Holstein

Heinrich Möller Söhne GmbH & Co. KG, Rendsburg

ISBN: 3-87550-073-3

Gesamtherstellung:
Druckhaus Heinrich Möller Söhne
GmbH & Co. KG, Rendsburg

1987

Vorwort

Eigentlich habe ich diese Zeilen zu schreiben begonnen, weil ich glaube, daß meine beiden Töchter sehr wenig von mir wissen.
Habe ich ihnen aus meiner Kindheit erzählt?
Oder von meinen Mädchenjahren?
Oder von meiner Flucht, als ich meine Heimat verlor und manches, das mir lieb und teuer war?
Oder davon, wie ich in Kiel wieder ein neues Zuhause fand?
Und wenn ich davon gesprochen habe, dann waren sie noch nicht alt genug, um die richtigen Empfindungen dafür zu haben.
Inzwischen sind meine Kinder reife Menschen geworden; so versuche ich nun, meine ganze Kindheit und Jugendzeit mit allen Freuden und Enttäuschungen hervorzuholen.
Es macht mir selber unendlich viel Spaß, den Erinnerungen nachzugehen, und ich bin erstaunt, daß ich immer wieder ein Erlebnis an das andere anknüpfen kann.
Bisher ist mein Weg so verlaufen, daß ich an allem, was negativ war, keinen seelischen Schaden genommen habe. Das Positive hat alles überdeckt, und meine angeborene Einstellung, die Dinge von der guten Seite zu sehen, hat mir viel dabei geholfen.
Mein Leben besteht aus drei getrennten Abschnitten: Aus meiner schönen, unbeschwerten Kindheit, an deren Ende ich dann aber in den tiefen Abgrund der Kriegswirren stürzte, dem mühsamen Überleben in einer hoffnungslosen Zeit und einer zerstörten Welt, danach der Begegnung mit dem Vater meiner Töchter und den vielen schönen Jahren an seiner Seite in einer Zeit des Aufstiegs, des Friedens und der Sicherheit.

Kiel, im März 1987 Eva Kloppe

Kindheit

Auch ich war einmal ein Kind mit Wünschen, Träumen und viel Phantasie und wuchs sehr behütet zu einem jungen Mädchen heran. Nur etwas anders war alles in den Jahren meiner Kindheit als heute. Wir kannten keine Jeans, keine T-Shirts, keine Karottenhosen – wir trugen einen schwarzen Rock, eine weiße Bluse, dazu Schlips und Knoten und eine Kletterweste. Was damit verbunden war, erschien uns gar nicht so schlecht, wie es später oft dargestellt wurde. Es hatte nur ein böses Ziel, aber das wußten wir damals noch nicht. Natürlich bestand überall ein gewisser Zwang, aber den habe ich nie so empfunden, denn wir taten ja alle das gleiche. Jeden Mittwoch und Sonnabend von 15 bis 18 Uhr war Dienst. Das hieß Basteln, Singen, Sport im BDM-Heim, oder im Sommer Wandern, Kräutersammeln, Schwimmen. Oft sahen wir auch am Sonntag noch Lichtbildervorträge, oder wir mußten mit der Sammelbüchse durch die Straßen gehen, um für das Winterhilfs-, das Müttergenesungswerk und andere wohltätige Zwecke zu sammeln. Meist gingen wir zu zweit, und gerade an einem Sonntag morgen war das in unserer Kleinstadt Güstrow in Mecklenburg ganz amüsant. Man traf viele Bekannte, alle steckten etwas Geld in die Büchse, waren freundlich, und wenn es 12 Uhr schlug, brachten wir stolz unsere Beute zur Sammelstelle.

Der Sonntagnachmittag gehörte dann uns, das war eigentlich der einzige freie Nachmittag in der Woche, an dem wir wirklich tun und lassen konnten, was wir wollten. Heute ist so etwas unvorstellbar, wo Freizeit doch so wichtig geworden ist. Wir haben es aber damals nicht empfunden, es ging ja den anderen ebenso. Auch alle Geschäfte hatten am Sonnabendnachmittag selbstverständlich geöffnet, und kein Mensch wäre auf den Gedanken gekommen, den Sonnabend schon als einen Feiertag anzusehen.

Die erste Puppe

Geboren wurde ich in einer Straße, die „Falkenflucht“ hieß. Ich kam zu Hause zur Welt, nicht in einem Bett, sondern auf dem Eßtisch, wie meine Mutter mir erzählte. Ich war nämlich eine Steißgeburt und habe es ihr wohl nicht leichtgemacht. Meine Eltern hatten reichlich ein Jahr vor meiner Geburt geheiratet, und die Zeiten waren schlecht. An eine eigene Wohnung konnten viele junge Durchschnittsbürger nicht denken. Mein Vater verdiente sehr wenig Geld und war froh, daß er kurz nach der Inflation überhaupt eine feste Arbeit in einem Autobetrieb gefunden hatte. Meine Eltern wohnten bei meinen Großeltern, die eine große Vierzimmerwohnung auch nicht alleine bezahlen konnten. Außerdem lebte dort noch die siebzehnjährige Schwester meiner Mutter, Tante Trudi. Sie lernte in einer Wäscherei das Plätten und Detachieren. So habe ich mich gleich in den Schoß einer großen Familie hineingesetzt und wurde wohl entsprechend verwöhnt.

Diese Wohnung kann ich noch heute erinnern. Sie hatte einen großen Flur, und dort befand sich meine Spielecke. Mit etwa drei Jahren bekam ich den schönsten Puppenwagen, den man sich vorstellen kann. Er war hellblau, den Schirm konnte man herunterklappen, und die Kissen hatte meine Mutter alle selber genäht. Darin lag zu meinem Entzücken eine Negerpuppe. Damals waren Negerpuppen etwas Außergewöhnliches. Sie sah sehr häßlich aus, aber die wulstigen roten Lippen der Puppe, der kleine goldfarbene Ring in einem der Ohren und der bunte Bastrock faszinierten mich sehr. Ich liebte sie über alle Maßen.

An einem Sommertag mußte meine Mutter ganz plötzlich ins Krankenhaus. Ich hörte etwas läuten von Eierstöcken, und das war mir ein Rätsel. Hinter dem Haus im Garten wuchsen so merkwürdige Stöcke mit kleinen roten Laternchen, ob das Eierstöcke waren? Hatte meine Mutter etwa davon gegessen? Diese Gedanken ließen mir keine Ruhe, und ich versuchte, meine Oma zu fragen, doch ich bekam keine Antwort. So sehr sehnte ich mich nach meiner Mutter, aber meine Oma sagte immer nur, daß sie bald wiederkäme.

Die Eierstöcke gingen mir nicht aus dem Sinn, und so beschloß ich, meine Mutter zu suchen.
Schon früh war es sehr warm an diesem Sommermorgen. Wie gewöhnlich spielte ich mit meinem Puppenwagen vor dem Haus, und meine Oma hatte erlaubt, daß ich einen Badeanzug anziehen durfte wegen der Hitze. Wo das Krankenhaus lag, wußte ich, denn dort waren wir schon oft vorbeigegangen. Mit Puppenwagen und im Badeanzug marschierte ich zielstrebig los und fand auch wirklich die Klinik. Meinen Wagen stellte ich neben dem Fahrradstand ab, nahm mein Negerbaby auf den Arm und ging hinein. Der Pförtner in seinem Glaskasten sah mich nicht, da ich so klein war und er sich ohnehin in seine Zeitung vertieft hatte. Ich weiß nur, daß mich eine herrliche Kühle umfing, daß es aber für meine Begriffe nicht gut roch, und daß es einen sehr langen Flur gab. Plötzlich kamen aus einem Zimmer viele Menschen in weißen Kitteln, da habe ich es doch wohl etwas mit der Angst bekommen. Eine freundliche Schwester mit einer großen Haube auf dem Kopf nahm mich sofort auf den Arm und fragte mich aus. Da ich nicht schüchtern war, hatte sie schnell heraus, was ich wollte – auch meine Zweifelsfragen nach den Eierstöcken mußte ich ihr mitgeteilt haben, denn warum hätten alle sonst so gelacht? Zu meiner großen Freude brachten sie mich in ein Zimmer, in dem meine Mutter in einem hohen, schneeweißen Bett lag und aus allen Wolken fiel. Ich war glücklich! Nun wußte ich, wo sie sich befand. Ich durfte bei ihr am Bett bleiben, bis man meine Oma verständigt hatte und sie atemlos ankam, um mich wieder abzuholen. Von da an wartete ich geduldig. Meine Mutter kehrte nach zwei Wochen wieder nach Hause zurück.

Onkel Schurig

Onkel Schurig war unser Kaufmann und wohnte drei Häuser weiter. In seinem Laden duftete es ganz vorzüglich. So nach einer Mischung aus Malzbonbons, Erbswurst und grüner Seife. An der Wand waren viele Schubladen mit kleinen weißen Emailleschildern, auf denen geschrieben stand, was sich darin befand. Wenn man etwas verlangte, öffnete Onkel Schurig eine dieser Schubladen und füllte Reis, Grieß, Zucker oder was auch immer, mit

einer kleinen Schaufel in eine Tüte, die er in eine Halterung auf die Waage steckte. Nun mußte er auspendeln, etwas heraus, etwas wieder herein, bis die Sache stimmte; denn er hatte auf die andere Seite der Waage kleine Gewichte in die Schüssel gelegt – hübsche blanke Gewichte. Danach faltete er die Tüte kunstvoll zu und fragte mit einer Verbeugung: „Darf's noch etwas sein?" Die grüne Seife hatte er in einem Gefäß an der Seite stehen, daneben die eingelegten Heringe und das Butterfaß.
Besonders schön war sein Schaufenster, das mir wie ein kleines Schlaraffenland vorkam. Es war dekoriert mit vielen großen Gläsern voller Bonbons. Goldnüsse mit herrlicher schokoladiger Füllung, Himbeerbonbons zum Lutschen oder Pfefferminzkissen, Rahmbonbons, hell oder dunkel, Negergeld oder andere Arten von Lakritz. Das größte Glas enthielt Pfefferminzbruch, rosa, weiß und ganz scharf.
Mitunter schickte mich meine Mutter zum Senfholen – für zwei Pfennig Senf. Dazu rollte Onkel Schurig ein Stück Pergamentpapier schräg zu einer Tüte auf, füllte dort den Senf hinein, und eine Hand voll Salmis bekam ich zu.
Einmal in der Woche brachte der Brauereiwagen mit zwei dicken Pferden davor große Eisblöcke. Diese wurden durch eine Rutsche in den Keller geschüttet, dort kühlte Onkel Schurig seine Butterfässer. Im Sommer war das herrlich, denn etwas Eis brach dabei immer ab, und wir Kinder lutschten es begierig auf; wenn es auch nicht sehr hygienisch war, es hat uns nicht geschadet.
Onkel Schurig besaß auch ein Telefon, für einen Privathaushalt zu der Zeit noch ziemlich selten. Ein Telefon gab es fast nur in Geschäften, und öffentliche Münzfernsprecher, wie sie heute an vielen Ecken stehen, kannte man kaum. Onkel Schurig war ein sehr moderner Geschäftsmann und leistete sich schon um 1930 einen solchen Apparat. Er ließ seine Kunden an diesem Fortschritt teilhaben, und das war oft sehr interessant. Das Telefon war auf seinem Flur direkt hinter dem Laden installiert. Es hing an der Wand und hatte noch eine Kurbel. Wenn eine Verbindung zustande kam, ließ es den Teilnehmer vor Aufregung seine Umgebung völlig vergessen, Hauptsache der am anderen Ende der Leitung verstand richtig, was man meinte. Auf diese Weise verbreiteten sich Nachrichten, wenn ein Arzt gerufen wurde oder

wenn irgendwem ein Mißgeschick passierte, wie ein Lauffeuer, besonders wenn sich gerade viel Kundschaft im Laden befand. Auch Familien machten regen Gebrauch von Onkel Schurigs Telefon. So erfuhr man, wo zum Beispiel eine Sonntagnachmittag-Kaffee-Einladung platzte, weil ein gewisser Onkel Wilhelm an einem Furunkel litt und damit nicht sitzen konnte.
Alles, was wir bei Onkel Schurig einkauften, bezahlten wir immer sofort. Aber zahlreiche Leute kamen zu ihm mit einem kleinen schwarzen Buch. Dorthinein wurde alles „angeschrieben" und am Schluß des Monats oder vielleicht viel später wurden die Schulden ratenweise beglichen. Meistens machten das die sogenannten „feinen Leute". Von einigen hieß es dann: „Na, die stehen wohl bei Schurig ganz schön in Kreide" oder „Denk mal an, die lassen auch anschreiben."
Onkel Schurigs Frau hieß nur „Frau Schurig", weil sie nicht so freundlich war wie er. Bei ihr gab es nie etwas auf zu, und nie sagte sie wie er: „Na, mein Süßing, hast auch warme Schuhe angezogen?" oder „Na, Herzing, bist du auch heute artig gewesen?"
Onkel Schurig gehörte einfach zur Falkenflucht wie das Salz zur Suppe.

Familienleben

Irgendwann um diese Zeit zogen meine Großeltern in die Nebenstraße, und wir bekamen auch eine eigene Wohnung in einem anderen Haus in der Falkenflucht.
Es war eine ruhige Vorstadtstraße. Solange ich noch nicht zur Schule ging, erlebte ich jeden Morgen das Milchauto. Der kleine wackelige Dreiradlieferwagen hatte an der Rückwand vier Hähne: Einen für Magermilch, die billig war, einen für Vollmilch, einen für Buttermilch und einen für Sahne. An der Seite hing eine Glocke, und ehe der Milchmann ausgestiegen war, durften wir Kinder schon bimmeln. Sofort öffneten sich die Haustüren, und die Frauen kamen heraus, in der Hand die merkwürdigsten Gebilde an Töpfen. Sie trugen reich-verzierte, oft selbstbestickte Schürzen mit Volants und an den Füßen Hausschuhe mit Pompons. Sie kauften ihre Milch, klönten ein wenig und verschwanden wieder in den Häusern.

Mein Vater kam regelmäßig mittags zum Essen nach Hause. Im Sommer benutzte er ein selbstgebasteltes Fahrrad. Die Teile dafür hatte er sich immer so gekauft, wie das Geld dafür übrig war, und dann alles zusammengebaut. Vorne auf der Stange waren ein zweiter kleiner Sattel für mich und zwei Haken für meine Füße. So konnte er sonntags mit mir ins Grüne fahren.
Oft holten meine Mutter und ich ihn abends von seinem Betrieb ab. Er mußte von früh um sieben bis abends um sieben, unterbrochen von der Mittagspause, arbeiten – auch sonnabends.

Meine Großeltern hatten vor den Toren der Stadt ein Stück Land gepachtet. Sie konnten nicht anders, sie waren Landleute und mußten einfach ihre Kartoffeln und ihr Gemüse selber anbauen, außerdem wurde es viel billiger.
Dieses Grundstück lag sehr schön an einem Fluß, an der „Nebel“. Im Frühjahr und Sommer wanderten wir alle oft hinaus, weil jeder mit anpacken mußte. Mein Opa besaß einen kleinen Ziehwagen, auf dem ich saß, denn es war ein weiter Weg.
Ich langweilte mich in dem Garten und konnte dort nicht so recht etwas anfangen. Allen stand ich im Wege. Weit durfte ich mich nicht fortbewegen, weil das Wasser in der Nähe war. So lag ich meistens im Gras und sah den Vögeln nach oder beobachtete die hübschen Falter. Spannend wurde es nur, wenn einer mal mußte. Es war ja kein Klo weit und breit, nur eine kleine Birkengruppe am Fluß bot etwas Sichtschutz. So registrierte ich ganz genau, wer wann mit oder ohne Rhabarberblatt hinter den Bäumen verschwand. Oft bekam ich eine Harke mit einem viel zu langen Stiel in die Hand gedrückt und wurde angewiesen, mir selber ein kleines Beet zu machen. Während ich meine Harke hin und her und kreuz und quer zog, lauschte ich den lustigen Erzählungen und dem fröhlichen Lachen der Großen. So wurde ich schon frühzeitig in die Welt der Erwachsenen einbezogen. Abends auf dem Heimweg thronte ich dann wieder todmüde im Handwagen zwischen Spaten, Harken, alten Schuhen, Schürzen und Thermosflaschen.
In dieser Zeit pflegten wir ein reges Familienleben mit den Großeltern und der Verwandtschaft.
Es war so Sitte, daß man sich Sonntagnachmittags besuchte. Häufig kamen alle bei den Großeltern zusammen, die in unserer

Nähe wohnten, aber es ging auch reihum. Dazu wurden die feinen Sammeltassen aus dem Schrank geholt, wovon meine Mutter sehr viele besaß. Wenn sie Geburtstag hatte und irgendjemand wollte ihr eine Freude machen, dann schenkte er ihr eine Sammeltasse. Diese waren je nach Geschmack und Geldbeutel ausgesucht, und später konnte ich mir ungefähr zusammenreimen, von wem welche Tasse stammte.
Es gab an jedem Sonntag Butterkuchen – so einen auf der Platte mit dick Streusel. Torten leistete man sich nur bei Festlichkeiten.

Kusine Lotti und die „Nazis“

Oft kam meine Kusine Lotti mit. Ich mußte immer mit ihr spielen und konnte sie nicht ausstehen. Sie war drei Jahre älter als ich und zwickte mich dauernd heimlich. Wenn die Erwachsenen dann den Streit schlichten wollten, sah es stets so aus, als ob ich angefangen hätte, und die Ohrfeige dafür heimste natürlich ich ein.
Lotti riß mir einmal meine geliebte Negerpuppe aus dem Arm und sagte, sie sähe aus wie ein „Nazi“, und das wären sehr schlimme Leute. Weder sie noch ich wußten damals, was ein „Nazi“ war. Nur unsere Eltern waren geteilter Ansicht über sie, und diese Familiendebatten bekamen wir Kinder natürlich mit. Wir hörten Wörter wie „Braunhemden“ und „SA“. Man sah Männer marschieren in Stiefeln, Breecheshosen und sehr geraden Mützen auf dem Kopf mit einem Riemen unter dem Kinn. Sie trugen eine rote Armbinde mit einem schwarzen Hakenkreuz auf weißem Grund.
Meine Eltern meinten, daß diese Menschen vielleicht die Ordnung im Lande wieder herstellen könnten. In unserem Hause wohnte jemand, der auch so eine Uniform anhatte und meinen Vater einmal mitnahm zu einer Versammlung. Wir hatten unsichere Zeiten. Große Arbeitslosigkeit herrschte, und die Menschen waren entsprechend unzufrieden. Ihrem guten alten Kaiser trauerten die Deutschen nach. Einen Krieg hatten sie hinter sich mit allen Entbehrungen und lebten nun in den trostlosen Nachkriegsjahren. In dieser Republik lebte die Unordnung, und es bestand kaum Aussicht auf Besserung der Verhältnisse. Nun suchte man nach einer neuen Form, die Frieden,

Ordnung und Sicherheit bieten sollte. Ein Mann war da und hielt seine zündenden Reden: Adolf Hitler.
In unserem Hause wohnte aber auch noch Dr. Nickel. Ein sehr feiner, freundlicher Herr, der mir immer liebevoll über den Kopf strich, wenn wir ihm im Treppenhaus begegneten. Er lebte mit seiner Tochter zusammen, war Jude und „hörte das Gras wachsen". Er sah die politische Entwicklung mit sehr skeptischen Augen.
„Dieser Hitler verfolgt ein gefährliches Ziel", sagte er zu meinen Eltern, „und es wird nicht gut enden." Sie jedoch ließen sich nicht beeinflussen. Es gab viele gegensätzliche Meinungen, aber Vater und Mutter hörten Hitlers kernige Reden, glaubten ihm und wählten ihn, als es soweit war.
Dr. Nickel aber machte seine Wertgegenstände zu Geld, packte Kisten und Koffer und bot meinen Eltern, die sich gerade mit dem Gedanken an eine eigene Wohnung trugen, einen Teil seiner schönen, wertvollen Möbel sehr billig zum Kauf an. Er verließ noch vor der Machtergreifung Hitlers das Land und ging mit seiner Tochter nach Amerika. Dadurch kamen meine Eltern schnell in den Besitz einer vollständigen Einrichtung.

Meine Oma, der Notgroschen und der Dom zu Güstrow

Wir Kinder aber lebten in unserer kleinen Welt der Märchen und Spiele. Meine Oma opferte sich oft und beschäftigte uns mit Spielen aus ihrer Kindheit. Sie nahm getrocknete Erbsen oder Bohnen in die Hände, schüttelte sie und sagte: „Hölterit, klöterit, rot mol wofehl Mööt sünd dit?"
Sie war überhaupt eine liebe Oma. Zwar trug sie stets dunkle Kleider, aber sie hatte einen schönen, großen Dutt auf dem Kopf. Der war natürlich nicht echt, aber da er zu einem Zopf geflochten und dann aufgesteckt war, sah man es nicht. Sie lachte eigentlich immer, und wenn man mal leise zu ihr ins Zimmer schlich, denn die Tür war nie abgeschlossen, saß sie in ihrem Korbsessel am Fenster und strickte graue Socken für meinen Opa. Er muß einen großen Bedarf daran gehabt haben, denn sie strickte ständig.

Wenn Jahrmarkt war, führte mein Weg dorthin an ihrer Wohnung vorbei. Sie hob dann den Saum ihres Rockes etwas in die Höhe und langte in die kleine versteckte Tasche, die sich in ihrem Unterkleid befand. Diese Tasche, wie ich nun sah, verursachte oft das leise Klirren bei Oma, wenn sie es eilig hatte. Die Tasche beherbergte nämlich außer einem Tüchlein etliche Geldstücke. Es wäre ihre ganz geheime Sparbüchse, durch die sie niemals in Verlegenheit käme, auch nur irgendwo ohne einen roten Heller dazustehen, so flüsterte sie mir einmal leise ins Ohr, und ich solle das ja keinem weitersagen. „Das warst du auch noch merken, mein Dirn“, meinte sie, „was für ein schönes Gefühl das ist, wenn man irgendwo den Notgroschen immer bereit hat.“
Leider gab es Situationen, wie ich nach vielen Jahren erfuhr, in denen der Notgroschen auch nichts nützte. Oft mußte ich daran denken zu einer Zeit, in der man besser einige Zigaretten oder Kaffeebohnen in einer Tasche im Unterkleid gehabt hätte. Zu Omas Zeiten aber machten mich zwei oder drei ihrer Groschen, die ich nun aus dem geheimen Täschchen erhielt, sehr glücklich. Ich konnte viel damit anfangen, denn einmal Karusselfahren kostete damals fünf Pfennig, und eine Lutschstange gab es auch in klein zum selben Preis, und groß kostete sie das Doppelte. Wenn ich also mit einer Reichsmark loszog, war ich sehr reich und konnte mich damit einen ganzen Nachmittag lang vergnügen.

Meine Großmutter war eine gläubige Frau. Sie besuchte regelmäßig den Gottesdienst, und ab und zu nahm sie mich mit. Ich durfte meine besten Kleider anziehen und wanderte Hand in Hand mit ihr zur Kirche. Wir betraten unseren Dom, und sie führte mich, dabei nach links und rechts ihren Bekannten zunickend, bis in eine der vordersten Reihen. Vor unseren Plätzen blieben wir eine Weile stehen, falteten die Hände und beteten – jeder für sich. Meine Worte lauteten immer: „Lieber Gott, mach mich fromm, daß ich in den Himmel komm, Amen.“ Mitunter fügte ich noch einen Satz hinzu wie: „Laß doch bitte meine Haare schneller wachsen, daß mir schöne lange Zöpfe wachsen“, oder „Laß mich bitte die blanken Lackschuhe bekommen, die ich im Schaufenster gesehen habe, Amen." Meistens war ich schneller fertig mit meinem Gebet und sah, wie meine Oma die Lippen immerzu bewegte. Was mag sie wohl gebetet haben?

Wenn die Orgel dann einsetzte, war ich überwältigt, sie füllte das in meinen Augen riesige Gotteshaus mit himmlischen Klängen, und wenn der Pastor in seinem langen Talar erschien und seine Stimme erhob, stellte ich mir etwa so den leibhaftigen lieben Gott vor.

Der Pastor stieg Schritt für Schritt die kleine Wendeltruppe zur Kanzel hinauf, und während er von dort predigte, wagte ich kaum zu atmen. Natürlich verstand ich noch nichts von dem, was er sagte. Ich hörte seine Stimme, meine Oma hielt meine Hand, und ich sah mich in der mächtigen Kirche um. Das große Kreuz mit dem Christus und der Dornenkrone auf dem Haupt bewunderte ich sehr. Meine kleine Kinderseele wurde mit der Vorstellung nicht fertig, daß Menschen den Sohn Gottes so grausam ans Kreuz genagelt haben sollten.

Meine Augen wanderten weiter zu den Aposteln, die in Stein gehauen in den Nischen standen. Auch die farbigen Fenster hatten es mir angetan. Wenn die Sonne hindurchschien, tauchte sie den ganzen Raum in ein festliches Licht. Nun setzte die Orgel wieder ein, und alle Leute begannen zu singen. Meine Oma sang unbekümmert und übertönte mit ihrer hellen, klaren Stimme sogar den Pastor. Ins Gesangbuch sah sie nie, denn sie kannte alle Texte auswendig. Während sie sang, sah sie lächelnd den Pastor an und schien mir sehr zufrieden.

Zwischendurch kam der Küster mit einer langen Stange, an der ein Lederbeutel hing. Diese schob er durch die Reihen, und jeder warf eine Münze in den Klingelbeutel. Zum Schluß wurde gemeinsam laut das Vaterunser gebetet. Ich las es der Großmutter von den Lippen ab und konnte es daher schon als kleines Kind fehlerfrei hersagen. Auf dem Weg nach Hause fragte ich sie einmal, was sie denn immer leise beten würde zu Beginn und sie antwortete: „Auch das Vaterunser, mein Dirn, denn darin liegen alle Wünsche, außerdem habe ich hinterher auch noch mein eigenes Gebet." Ich war zufrieden, so konnte ich also auch bei meinen persönlichen Bitten bleiben.

Sonntagsvergnügen

Wenn die Familie sich sonntags gemeinsam ein besonderes Vergnügen leisten wollte, ging es bei schönem Wetter in ein Gartenkaffee, den „Lindengarten". Dort konnte man sich eigenen Kuchen mitbringen. Für mich wurden dann weiße Söckchen hervorgeholt, und die weißen Leinenschuhe mit Schlemmkreide bearbeitet, die dann den ganzen Vormittag auf der Fensterbank trocknen mußten. Am frühen Nachmittag marschierte die Familie gemeinsam los. Oma vorweg mit dem Kuchenpaket, auf ihrem Dutt einen kleinen Strohhut.

Alle tranken Kaffee, ich bekam einen Apfelsaft und mein Opa grundsätzlich Berliner Weiße mit Schuß in einem ganz großen Glaspott.

Das Portemonnaie hatte meine Oma, und sie bezahlte auch. Im „Lindengarten" gab es eine Konzertmuschel, darin spielten ein Geiger und ein Cellist zum Tanz auf. Modern waren gerade die Schlager „Wenn der weiße Flieder wieder blüht" und „Ausgerechnet Bananen".

Tante Trudi wurde als attraktives junges Mädchen oft zum Tanz aufgefordert. Die ganze Familie nahm daran Anteil und begutachtete die forschen Jünglinge. Tante Trudi bewunderte ich damals sehr.

Ich weiß noch genau, daß ich zu diesen Gelegenheiten eine große Haarschleife auf dem Kopf trug, passend in der Farbe zu meinem Kleid. Meine Mutter kaufte mir jede Woche für einige Pfennige ein paar Zentimeter breites Taftband, das sie mir dann kunstvoll zu einem großen Propeller auf dem Kopf zusammenband.

Im Haus nebenan bei meiner Oma lebte ein Mädchen in meinem Alter mit schönen langen Zöpfen, sie hieß Gerdi. Sie bewohnte mit ihren Eltern nur ein einziges Zimmer, und sie benutzten die Küche anderer Leute mit. Diese Familie hatte immer viele alte Kuchen im Haus, denn Gerdis Vater war Bäckergeselle, und was in dem Laden, in dem er angestellt war, nicht verkauft wurde, durfte er mit nach Hause nehmen. Hiervon ernährte sich die Familie fast ausschließlich. Für mich war das ein großer Anziehungspunkt. Zwar aßen sie die Cremestücke immer selber, aber so eine trockene Schnecke fiel für mich doch manchmal ab. Dafür durfte Gerdi oft mit mir bei meiner Oma in der Speisekammer spielen. Es war ein großer begehbarer Vorratsraum, in dem Oma einen Karton mit alten hochhackigen Schuhen von Tante Trudi aufbewahrte. Da unsere Füße aber viel zu klein waren, stopften wir die Pumps vorne mit Papier aus und stelzten damit auf den Fliesen herum. Dann fühlten wir uns wie große Damen.

Schmalz, Margarine oder Butter

Mit einer abgöttischen Liebe hing ich an meiner Großmutter. Am schönsten war es, wenn sie Schmalz ausgebraten hatte. Sie machte es auf zweierlei Art, einmal mit Zwiebeln und Speck, das aßen sie gerne zum Abendbrot. Zum anderen mit Äpfeln, Zwiebeln und Zucker darauf, das gab es nachmittags zum Kaffee.

Oft rief sie mich herein, wenn sie mich draußen spielen sah. Mir kam dann schon ein appetitlicher Duft aus der Küche entgegen.

„Hol uns doch mal ein frisches Weißbrot“, sagte sie, steckte mir sechzig Pfennig zu, soviel kostete ein Brot, und ich ging zu Onkel Mahnke. Er wohnte einige Häuser weiter im Parterre neben der Toreinfahrt zum Hof und hatte dort eine Klappe als Fenster. Diese war geschlossen, aber daneben hing ein langer Draht mit einem Griff. Wenn man daran zog, bimmelte es bei ihm im Wohnzimmer. Er erschien sofort, zog die Klappe hoch, und es duftete nach frischem Brot, denn er betrieb die Verkaufsstelle einer Bäckerei in der Innenstadt.

„Na, mein Dirn, ein Weißes? – Ganz frisch?“ fragte er, nahm ein hauchdünnes Stück Seidenpapier, schlang es um ein herrlich gelbglänzendes Weißbrot, und ich ging los. Oma schnitt es erstmal in der Mitte durch, damit ich das schönste Stück bekam, bestrich es dick mit dem noch warmen Apfelschmalz, langte mit drei Fingern in den Zuckertopf, verteilte den Zucker gleichmäßig über das Brot, und dann biß ich hinein.

Es war eines der Hochgefühle, an das ich mich erinnern kann – ein frisches Schmalzbrot.

Ich liebte aber auch Margarine auf Brot, weil sie so schön würzig und etwas salzig schmeckte.

Wenn wir Kinder vor den Häusern tobten und hungrig wurden, riefen wir laut nach unseren Müttern und bestellten uns ein Stück

Brot, das dann sofort, schön verpackt in Pergament, aus dem Fenster flog. Wir zeigten uns gegenseitig unsere Stullen und tauschten sie mitunter aus.
Eines Tages rief ich wieder nach meiner Mutter, und als sie am Fenster erschien, schrie ich noch lauter: „Darf ich wohl ein Schwarzbrot dick mit Margarine haben?"
Meine Mutter machte ein böses Gesicht und bedeutete mir, daß ich sofort hinaufkommen sollte. Als ich vor ihr stand, bekam ich eine gewaltige Strafpredigt zu hören: „Daß du nicht noch ein einziges Mal ein Margarinebrot verlangst. Mein Gott, was sollen bloß die Leute denken. Als wenn wir uns keine gute Butter leisten könnten!" Das konnten wir wohl nicht immer, aber man hatte schließlich seinen Stolz.

Opa und das Rasieren

Meine Großeltern hatten auch einmal bessere Tage gesehen. Als meine Mutter noch ein Kind war, besaßen sie einen Bauernhof, aber in der Inflationszeit, als das Geld seinen Wert verlor, wurde mein Opa schwer krank. Oma konnte den Hof nicht mehr allein bewirtschaften, und die Krankenhauskosten brachten sie an den Rand des Ruins. Sie haben den Hof für Geld verkauft, das nach einigen Monaten wertlos wurde, und zogen in die Stadt. Sehr mühsam haben sie sich danach durchgeschlagen. Mein Opa hatte von einer Lungenoperation eine Fistel nachbehalten. Es war eine tiefe Wunde im Rücken, die sein Leben lang nicht zuheilte, und täglich mußte er verbunden werden. Manchmal habe ich dabei zugesehen und fand es schrecklich.
Lieber beobachtete ich ihn, wenn er sich rasierte.
Dazu benutzte er einen runden Spiegel, einen langen Lederriemen, der ständig am Schrank hing, einen Pinsel im Seifentopf und ein merkwürdiges Messer, das er biegen konnte. Während er sich einseifte, fing ich schon an zu lachen, aber was danach geschah, ließ mich oft den Atem anhalten. Er beulte mit seiner Zunge derart die Backe aus, daß er einen leicht dümmlichen Anblick bot, dann setzte er das Messer an und schabte die weiße Seife über diesem Gesichtshügel ab. Dasselbe tat er am Kinn, und zuletzt riß er seine Nase so hoch es ging und machte aus seiner Oberlippe

eine Beule, um dann auch dort mit einem merkwürdig kratzenden Geräusch das Messer darübergleiten zu lassen. Ich hatte eine panische Angst, daß er sich die Nase abschnitt, zumal er zwischendurch das Messer immer an diesem Lederriemen schärfte. Zum Schluß bearbeitete er den Unterteil seines Kinns bis zum Hals, und dabei passierte es wirklich manchmal, daß er etwas Haut erfaßte und der schöne, zarte Seifenschaum sich rot färbte.
Zum Frühstück erschien er dann mit einem kleinen Pflaster, aber mit rosigem Gesicht.

Erntedank

Einmal nahm mich mein Großvater mit zum Erntefest in das Dorf, in dem er früher seinen Hof gehabt hatte. Ich war etwa sieben oder acht Jahre alt.
Auf dem großen Gut wurde das Erntedankfest in der Scheune und im Gutspark gefeiert. Am Morgen fuhren wir mit buntgeschmückten Leiterwagen durch das Dorf, Musik vorweg und die Frauen in Trachten. Sie trugen längsgestreifte schwarzrotblaue Röcke, weiße Blusen, darüber schwarze Samtwesten. Dazu weiße Strumpfe und schwarze Samtkappen mit rotblaugelben Bändern. Nach dem Umzug ging es in den Gutsgarten. Dort waren lange Tische aufgestellt, und es wurde Gulasch gereicht.
Wir Kinder tobten im Park herum, wir rannten in die Pferde-, Kuh- und Schweineställe. Es war herrlich und für mich als Stadtkind ein tolles Erlebnis.
Am Nachmittag gab es Kaffee und Berge von Kuchen. Vor der Scheune wurde ein ganzes Schwein am Spieß gebraten, die Leute konnten pausenlos essen und trinken. Die Musik spielte zum Tanz auf, und alle tanzten fröhlich – drinnen und draußen, auf dem Heuboden und auf der Wiese. Ich war sehr aufgeregt, ein solches Fest hatte ich noch nicht erlebt. Als es dunkel wurde, nahm mich mein Opa an die Hand, und widerstrebend mußte ich mit ihm nach Hause gehen.
Mein Großvater lebte 72 Jahre lang. Eines Tages aber, 1945, wollte ein Russe ihm seine geliebte, über den Krieg gerettete

goldene Taschenuhr wegnehmen. Das ließ er sich nicht gefallen. Der Russe aber stieß ihn so grob zurück, daß er hintenüber fiel und bald darauf an den Folgen dieses Sturzes starb.

Wie Oma an den Opa kam

Ein Bruder meiner Oma wohnte in Malchin. Da meine Oma eine geborene „Voß" war, nannten wir alle ihn „Onkel Voß". Der Name „Voß" in Verbindung mit Omas Familie wurde grundsätzlich mit Hochachtung ausgesprochen, denn die Voßens waren einmal sehr fleißige und angesehene Leute mit einem großen Besitz. Meine Großmutter Oma wuchs in sehr guten Verhältnissen auf. Ihr Vater hatte die wichtige Stellung eines Verwalters des Grafen von Schlieffen in Schlieffenberg inne. Außerdem verband ihn ein freundschaftliches Verhältnis zum Grafen. Er ging regelmäßig mit ihm auf die Jagd und leerte so manches Glas zu vorgerückter Stunde mit ihm auf dem Schloß. Er wollte gern mit seinen Kindern etwas höher hinaus. Seine Tochter aber, meine Oma, die es zur Beschließerin auf Schloß Schlieffenberg gebracht hatte, machte ihm einen Strich durch die Rechnung.
Sie wurde gegen ihren Willen mit einem jungen Architekten verlobt, und man sagte ihr: „Die Liebe stellt sich später von selber ein." Oma, an Gehorsam gewöhnt, war aber sehr unglücklich über diese Verbindung. Kein Wunder, daß sie sich in einen stattlichen Dragoner, meinen späteren Opa, verliebte, als er ihr über den Weg lief. Die große Liebe blieb nicht ohne Folgen, und das bedeutete damals eine Katastrophe für ein junges Mädchen. Sie aber hat Schimpf und Schande über sich ergehen lassen und ihren Dragoner geheiratet. Es wurde eine glückliche Ehe. Meine Mutter und Tante Trudi sind zwei der sieben Kinder, denen meine Oma das Leben schenkte.
Das „Voß'sche", einen aufrechten Gang, einen klaren Blick und nach den Worten zu leben: „Du mußt stets nach oben sehen, niemals nach unten", das hat meine Oma immer an sich gehabt. Oft schnappte ich Worte auf wie: „Na, das wird aber mal so eine richtige Voß'sche" oder „da kommt das Voß'sche Blut wieder durch".

„Voß'scher Käse“

Der Bruder von Oma, der Onkel Voß, hat es in Malchin zwar zu einem stattlichen Käseladen gebracht, aber im Sinne seines ehrgeizigen Vaters war das wohl auch nicht. Der Laden befand sich in einem uralten Fachwerkhaus in der Innenstadt des kleinen Ortes, aber er hatte das ganze Parterre zu einem für damalige Verhältnisse großen, außerordentlich sauberen und modernen Geschäft umbauen lassen und führte über zwanzig verschiedene Käsesorten. Er pflegte die Käse alle selber hinter seinem Haus in einem tiefen, kühlen Keller. Ich habe ihn oft bewundert, wenn er die wie Wagenräder großen Schweizer Käse schrubbte und behandelte, damit sie die richtige Reife erhielten.

Seine Frau hieß Tante Elise und war so blaß wie der magerste Käse, den sie verkaufte, weil sie tagein, tagaus arbeitete und nie an die frische Luft kam. Beide ernährten sich hauptsächlich von Käseresten.

Für mich war es wirklich wunderbar, wenn wir sie dort besuchten, denn ich empfand es nie als langweilig. Auch meine Mutter fuhr gern dorthin. Sie wurde immer freudig als große Hilfe begrüßt. Nie sah man uns als Besuch an, sondern setzte uns sofort zur Arbeit ein. Wir mußten gleich mit zupacken und gehörten einfach dazu.

Meine Mutter brachte Ordnung in die Wohnküche, die direkt hinter dem Laden lag, mit einem Ausgang zum Hof, und mich beeindruckte besonders, daß den ganzen Tag über der Tisch gedeckt blieb und der Käsenachschub aus dem Laden kein Ende nahm.

Mich beschäftigte Onkel Voß, indem ich Milch in appetitlichen Flaschen austrug. Auch sonntags war das Geschäft von zehn bis zwölf Uhr geöffnet zum Milchverkauf. Von den vielen Resten an Milch und Käse, die sie selber nicht verwenden konnten, machte Onkel Voß ein Schwein fett. Man hörte es ständig in seinem Stall hinter dem Haus grunzen, und jeden Herbst fand Schlachtfest in Malchin statt. Das war ein großes Ereignis. Meine Mutter und Tante Elise verarbeiteten das ganze dicke Schwein zu Würsten und Pökelfleisch, das in große Holzfässer eingelegt wurde. Natürlich fuhren wir immer reich bedacht nach

Hause, was uns ganz besonders in den späteren Kriegsjahren sehr zugute kam.

Hitler zieht ins Wohnzimmer ein

Inzwischen gelangte Hitler an die Macht.

Er hatte versprochen, dem Volke zu Wohlstand zu verhelfen, die Arbeitslosigkeit zu beseitigen und eine neue Ordnung zu schaffen. Das ließ sich zuerst auch gut an.

Man baute Straßen und errichtete öffentliche Gebäude in einem neuen monumentalen Stil. Es kam ein billiges kleines Radio auf den Markt, das sich fast jeder Bürger leisten konnte, der sogenannte „Volksempfänger". Junge Paare, die heiraten wollten und kein Geld für eine Aussteuer besaßen, erhielten ein „Ehestandsdarlehen".

Man sagte nicht mehr Bürger, sondern „Volksgenosse". Diejenigen, die Hitler gewählt hatten, triumphierten.

Auch meine Eltern profitierten von der neuen Zeit. Die Stellung meines Vaters in einer Autofirma festigte sich. Er verdiente mehr, denn das Auto begann seinen Siegeszug. So konnten meine Eltern sich auch schon ein wenig mehr leisten.

Was sich die meisten Familien zu der Zeit anschafften, war ein Hitlerbild.

Es gehörte in jedes Wohnzimmer und löste über dem Sofa den „Engelreigen" oder den „Röhrenden Hirschen" ab. Nicht nur die gute Stube der Durchschnittsbürger schmückte ein Hitlerbild, sondern man fand es auch auf Schritt und Tritt in allen öffentlichen Gebäuden. Meine Eltern entschlossen sich gleichfalls zum Kauf eines solchen Führerportraits und brachten es über meines Vaters Schreibtisch an. Eigentlich paßte es dort nicht so recht hin, aber es war gut zu sehen. Es wäre ja zu peinlich, wenn es versteckt hängen würde, und Besuch könnte vielleicht sagen: „Na? – Habt ihr noch kein Hitlerbild?" Meiner Mutter gefiel auch der breite, schwarze Rahmen nicht, sie hätte „unseren Führer" lieber in Gold gehabt, aber mein Vater meinte: „Hitler ist für das Schlichte, Einfache, so muß man ihn auch einrahmen."

So hing das Bild nun über dem Schreibtisch, an dem ich während

des Krieges, als mein Vater ihn nicht benutzen konnte, meine Schularbeiten täglich machte – und Hitler sah auf mich herab.
Wir sagten auch nicht mehr „Guten Tag“ und „Auf Wiedersehen“, nein, wir grüßten alle mit dem „Deutschen Gruß“. Das hieß, wir rissen den rechten Arm in Augenhöhe und sagten zackig: „Heil Hitler.“ – Jeder Deutsche tat es inzwischen.
Briefe, offizielle Schreiben, wie auch Tante Trudis Zeugnis von Herrn Katzenberger, als sie 1937 aus der Firma ausschied, wurden unterzeichnet mit „Heil Hitler“. Heute wäre es undenkbar und fast schon lächerlich zu sehen, wenn sich zwei Damen bei einer Begegnung auf diese Art begrüßen würden – aber damals fand ich es ganz natürlich. Auch mein alter Opa hat diesen Gruß noch gelernt mit seinen siebzig Jahren. Er verstand die Welt nicht mehr und weinte immer vor Rührung, wenn Hitler im Radio sprach.

Familienweihnacht

Weihnachten war für mich schon immer ein besonderes Fest, weil meine Eltern es verstanden, mich in freudige Erwartung zu versetzen.
Es begann damit, daß mein anderer Großvater, der in Gehlsheim bei Tante Anna lebte, angereist kam. Mein Vater und ich wanderten zum Bahnhof durch die weihnachtlich geschmückte Stadt, um ihn abzuholen. Er blieb meistens eine Woche bei uns, hatte aber nur einen ganz kleinen Handkoffer dabei. Damals brauchte man nicht so viele Sachen, wenn man verreiste. Ein Nachthemd, ein Paar Kamelhaarhausschuhe, zwei steife Kragen, die auf das Hemd aufgeknöpft wurden und sein Rasiermesser, das genügte ihm.
Als erstes schenkte er mir auf dem Bahnhof schon eine Tafel Schokolade mit einer Kuh darauf. Mein Vater trug sein Köfferchen, und er stolzierte mit einem hellen Spazierstock, mich an der Hand, davon. Von da an begann es zu Hause festlich zu werden, und es breitete sich Weihnachtsstimmung aus.
Nur mochte ich den Großvater nicht riechen, denn er kaute Kautabak, hatte schwarze Mundwinkel, was ich unappetitlich fand, und wenn er mir zu nahe kam, lief ich weg. Meiner Mutter war das recht unangenehm.

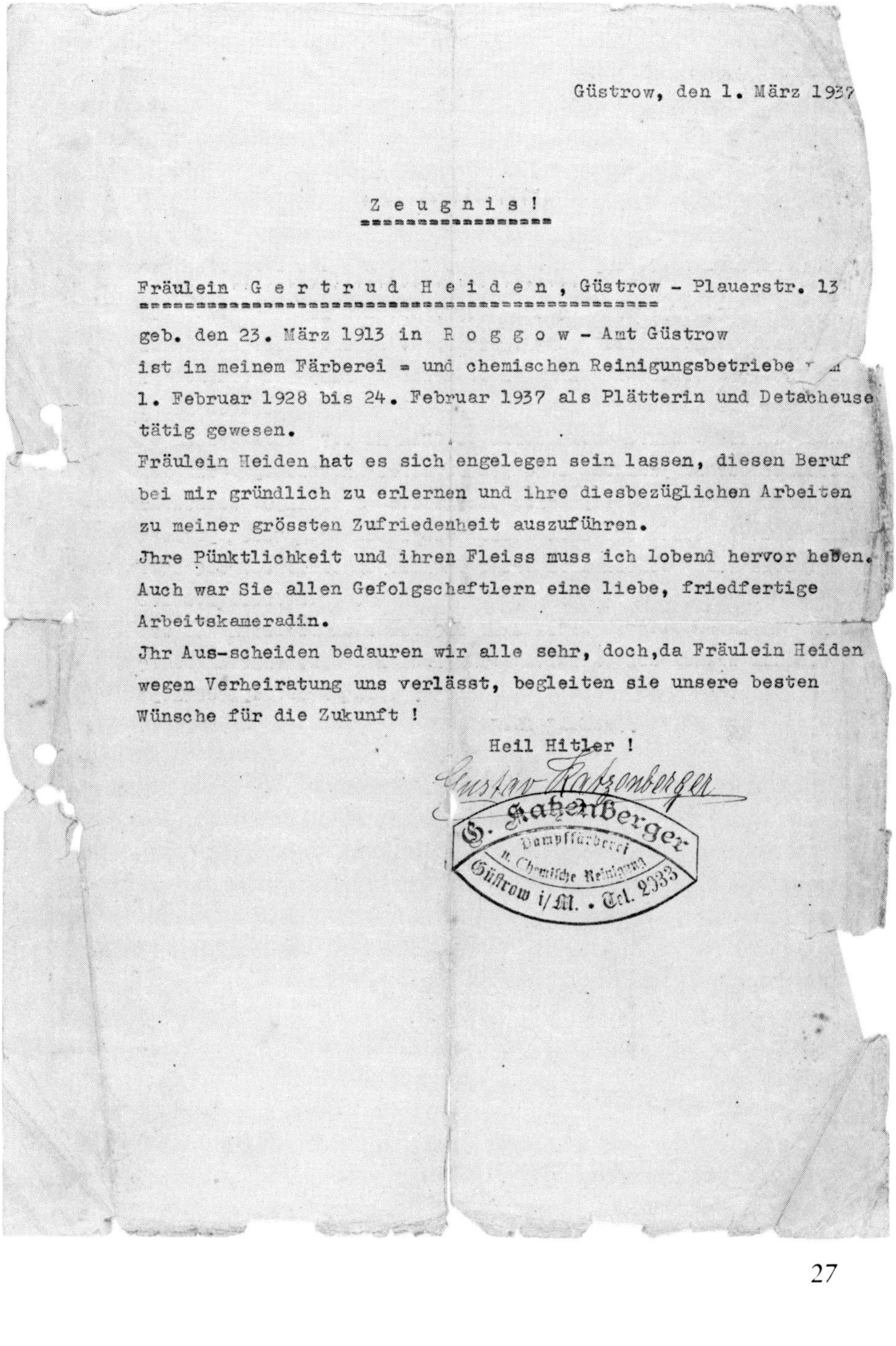

Güstrow, den 1. März 1937

Z e u g n i s !

Fräulein G e r t r u d H e i d e n , Güstrow - Plauerstr. 13

geb. den 23. März 1913 in R o g g o w - Amt Güstrow
ist in meinem Färberei = und chemischen Reinigungsbetriebe vom
1. Februar 1928 bis 24. Februar 1937 als Plätterin und Detacheuse
tätig gewesen.
Fräulein Heiden hat es sich engelegen sein lassen, diesen Beruf
bei mir gründlich zu erlernen und ihre diesbezüglichen Arbeiten
zu meiner grössten Zufriedenheit auszuführen.
Jhre Pünktlichkeit und ihren Fleiss muss ich lobend hervor heben.
Auch war Sie allen Gefolgschaftlern eine liebe, friedfertige
Arbeitskameradin.
Jhr Aus-scheiden bedauren wir alle sehr, doch,da Fräulein Heiden
wegen Verheiratung uns verlässt, begleiten sie unsere besten
Wünsche für die Zukunft !

Heil Hitler !

Gustav Katzenberger

G. Katzenberger
Dampffärberei
u. Chemische Reinigung
Güstrow i/M. . Tel. 2333

Er hatte früher als Maschinist auf einem Schiff gearbeitet und wußte eine Menge zu berichten. Mir erzählte er immer Gruselgeschichten, die er sich selber ausdachte, und lachte fürchterlich dabei, weil ich alles glaubte. Dabei riß er seinen Mund auf, und ich sah dann seine verfärbten Zähne, seinen Kautabak in der Backe und wandte mich ab.
Weihnachtsabend kamen meine anderen Großeltern und Tante Trudi dazu. Wir sangen den ganzen Abend Weihnachtslieder, meine Oma wieder am lautesten, und sie kannte immer noch einen Vers. Vor uns hatten wir große Schalen mit Nüssen stehen. Der Nußknacker ging von Hans zu Hand, nur Oma machte wie stets eine Ausnahme, sie brauchte keinen Nußknacker, sie knackte die kleinen Haselnüsse alle mit ihren Zähnen.
Ich kann mich noch genau erinnern, daß ich an einem Heiligabend eine besonders schöne Puppe bekam, die Mama sagen konnte. Sie hatte Schlafaugen und echtes Haar. Tante Trudi ließ sich, wie es die Mode vorschrieb, einen Bubikopf schneiden, und von ihren Zöpfen wurde für diese Puppe eine Perücke angefertigt, Ich war überglücklich, denn so eine Puppe besaß kaum jemand, und ich hatte bisher nur davon geträumt.
Am ersten Feiertag morgens zogen wir meistens mit dem Schlitten los. Es lag immer Schnee, und bitterkalt war es. So gingen mein Opa, mein Vater und ich in die Schloßanlagen zum Rodeln. Während meine Mutter den Festtagsbraten brutzelte, vergnügten wir uns in der Wintersonne. Es gab entweder eine Gans, eine Pute oder einen großen Schweinebraten. Wir aßen den ganzen Tag, denn nachmittags besuchten wir uns gegenseitig mit der Verwandtschaft. Einen ganz großen Tannenbaum stellten wir jedes Jahr auf. Er reichte vom Fußboden bis an die Decke, geschmückt mit viel Lametta, Engelshaar und sogar mit bunten Flitterketten, und als besondere Überraschung die neuen Wunderkerzen. Abends waren wir Kusinen und Vettern immer so ausgelassen, daß sich die Besuche nicht ewig hinzogen.
Gegen zehn Uhr konnten unsere Eltern den Übermut nicht mehr ertragen, und das Fest endete dann mit viel „lange Nase, Zunge raus und Zwicken und Foppen“. Die Weihnachtstage müssen für unsere Eltern eine einzige Strapaze gewesen sein mit der ganzen

Kocherei, Backerei und dem vielen Besuch, aber ich habe eine herrliche Erinnerung daran.

Tante Trudis Heirat

Tante Trudi heiratete am 5. März 1937. Ich werde es nie vergessen. Für mich war es das eindrucksvollste Ereignis meiner Kindheit.
Meine Tante himmelte ich sowieso an, weil sie ganz schwarze Haare hatte, und als sie mit Onkel Willi aufkreuzte, himmelte ich ihn auch an. Er rauchte Zigaretten, die in einer besonderen grünen Schachtel verpackt waren, und das Außergewöhnliche an Onkel Willi war, er hatte einen Goldzahn. Außerdem gehörte er als Berufssoldat der Wehrmacht an, und wir fanden ihn sehr schneidig. Nach der Hochzeit wollte er seine Braut gleich mitnehmen nach Stettin, wo er stationiert war. Dort sollte Tante Trudi leben, in einer Großstadt. Die ganze Familie geriet in helle Aufregung.
Die Hochzeit fand in unserer Wohnung statt, weil es bei den Großeltern etwas eng war. Onkel Willi stammte aus Kiel, und es hatten sich Verwandte von seiner Seite zur Hochzeit angemeldet.
Nun begann das große Putzen und Vorbereiten. Zunächst mußte die Kleiderfrage gelöst werden. Meine Kusine Lotti und ich sollten die Schleppe des Hochzeitskleides tragen. Nach einem wortreichen Kaffeeklatsch kamen unsere Mütter deshalb überein, daß ich in blauen und Lotti in rosa Taft gekleidet werden sollte.
An den zwei Tagen vor der Hochzeit war ein derartiges Räumen und Wirken, daß ich mich heute frage, wie meine Oma und meine Mutter das überstanden haben.
Das ganze Wohnzimmer wurde völlig ausgeräumt, um lange Tische aufzustellen. Darauf breitete man Silberzeug aus und polierte alles auf Hochglanz. Riesige Fleischmengen brachte man ins Haus, es duftete nach Suppe und Braten. In der Küche war es unerträglich heiß, so daß ich schnell das Weite suchte. Außerdem sah ich dort nur weiße Schürzen und Dampf.
Am letzten Nachmittag vor dem großen Fest hatten sich die Wogen geglättet. Meine Oma und Mutter waren zum Friseur gewesen, und die Kieler Gäste reisten an.

Man kannte sich noch nicht, und so gab es ein großes Händeschütteln und Gejuche mit Lucie, Martha, Christian und wie sie alle hießen – und Fräulein Laborn.
Sie war die Wirtschafterin von Onkel Willis Vater, und nachts schlief sie auf der Couch neben meinem Bett. Sie glich einer Walküre und hatte ein ganz steifes Korsett an, das sie neben ihrem Bett abstellte. Es war für mich hochinteressant zu beobachten, aus wieviel Hüllen sie sich herausschälte, mit welcher Betulichkeit sie ihre Kleider ordnete und dann in ein langes, wallendes Nachthemd schlüpfte, in dem sie noch größer aussah. Der Mond schien ins Zimmer, und als ich in der Nacht von ihrem Schnarchen erwachte, habe ich mich furchtbar erschrocken, denn das Korsett sah aus wie ein Skelett. Ich schlief vor Aufregung nicht mehr ein, weil ich den nächsten Tag nicht erwarten konnte. Erst gegen Mittag durfte ich mein blaues Taftkleid anziehen, und dann erschien Tante Trudi als Braut. Sie war ganz in Weiß, mit Kranz und Schleier und einer langen Schleppe am Kleid. Selbst Schneewittchen konnte nicht schöner sein, immerzu mußte ich meine geliebte Tante ansehen. Meine Oma weinte vor Rührung, und ich weiß noch genau, daß sich Tante Trudi vor der Trauung nicht hinsetzen durfte, damit die weiße Pracht nicht zerdrückt wurde.
Nun kam auch meine Kusine Lotti hervor. Sie war in Rosa und blockierte ewig den Spiegel, zupfte an sich herum und flüsterte mir immer wieder leise zu: „Du siehst vielleicht doof aus – und wie blaß das Blau dich macht.“ Zweifellos fand sie sich schöner. Endlich ging es los zur Kirche. War das eine Aufregung! Ein Taxi nach dem anderen hielt vor dem Haus; im Nu hatten sich Schaulustige eingefunden und reckten die Hälse. Lotti und ich durften mit dem Brautpaar fahren. Es wurden für uns zwei Notsitze heruntergeklappt, auf denen wir stolz Platz nahmen. Als wir vor der Kirche hielten, warteten dort schon alle Hochzeitsgäste, und der Festzug setzte sich bis zum Altar in Bewegung.
Onkel Willi trug eine Extrauniform mit vielen blanken Knöpfen und einen Säbel. Tante Trudi war die schönste Braut, die ich je gesehen hatte.
Was dann passierte, habe ich alles wie im Traum erlebt. Mir erschien unser Dom, in dem ich oft mit Oma zum Gottesdienst

gegangen war, so groß wie der Himmel selbst. Ich hatte Angst, ich würde erwachen und alles wäre nur ein Märchen.
Nach der Trauung ging es zum Fotografen, und dort entstanden dann die üblichen Hochzeitsbilder, wovon draußen ein ganzer Kasten voll hing.
An der Festtafel richtete Lotti es so ein, daß sie Tante Trudi gegenübersaß und ich Onkel Willi, aber mir genügte auch das. Wenn sie mich nur nicht dauernd unter dem Tisch geknufft und nicht immer geflüstert hätte: „Ich sitz neben der Braut, äääätsch." Nun wurde ich doch wütend und knuffte zurück. Unseren Müttern blieb der Streit nicht verborgen, wir bekamen unmißverständliche Blicke und „was habt ihr da wieder?" in strengem Ton. Sie hätten uns am liebsten hinausgeschickt, aber es war ihnen peinlich wegen der Kieler Verwandtschaft.
Das Essen dauerte lange und stellte uns Kinder auf eine harte Geduldsprobe. Danach wurde es aber sehr lustig. Es gab Musik, wir tanzten und meine Oma trug etwas Plattdeutsches vor. Bis in den Morgen feierten wir. Um Mitternacht stellten sich alle zu einem Kreis auf. Tante Trudi in der Mitte. Man band ihr die Augen zu, und sie mußte jemanden berühren, die noch nicht verheiratet war. Es sollte die nächste Braut werden. Dazu sangen alle „Oh, du schöner Jungfernkranz" und rissen den zarten Schleier entzwei, was mir sehr leid tat. Ein Stück erhaschte ich davon und habe es sehr lange gehütet.

Wildfang Cary und Ernst Barlach

Zu der Zeit besuchte ich noch die Grundschule und meine beste Freundin hieß Carola, genannt Cary.
Sie war ein wildes Mädchen, glich eigentlich mehr einem Jungen und machte nie Schularbeiten. Sie hatte ihre Gedanken immer woanders, saß in der vordersten Bank, ich ganz hinten, aber wir schlossen trotzdem Freundschaft. Vielleicht, weil ich sie sehr bewunderte und alles tat, was sie wollte. Sie lebte mit ihrer Mutter auf „Magdalenenlust", einem Gut am Inselsee. Ihren Vater kannte sie nicht und fand einen Vater auch nicht notwendig. Ihre Mutter erschien mir sehr mondän. Sie lackierte sich ihre Fingernägel rot und chauffierte einen großen „Horch" selber. Sie

befehligte mehrere Dienstboten und trug Stiefel, was damals für ein weibliches Wesen recht ungewöhnlich war.
Cary kam jeden Morgen mit einem Ponygespann in die Schule, band die Tiere an einen Baum, hängte ihnen Hafersäcke um und benutzte die Pausen, diese gegen Wassereimer zu tauschen, womit sie den armen Pedell, Herrn Harder, ziemlich nervös machte. Da ihr Weg sie an unserer Straße vorbeiführte, durfte ich meistens mitfahren und oft wurde ich für den ganzen Tag nach „Magdalenenlust" eingeladen. Ihre Mutter versprach sich davon einen guten Einfluß auf ihre ungeratene Tochter, und dazu hatte sie einigen Grund.
Meine Schulaufgaben nahm ich ernst, und so kam Cary in den Genuß, von mir abschreiben zu können. Auf diese Weise hatte sie am nächsten Tag in der Schule tatsächlich auch etwas vorzuzeigen.
An diesen Nachmittagen lebte ich in einer ganz anderen Welt. Auf „Magdalenenlust" gab es ungeheuer viel Freiheit mit Ponyreiten, Baden im See, durch den Wald strolchen und auf Bäume klettern. Cary wußte eine alte Eiche, die war schon so ausgearbeitet, daß man mühelos bis in die Krone steigen und sich dort oben wiegen konnte. Ein Glück, daß meine Mutter das alles nicht sah, sie hätte mich vor lauter Angst nie wieder dorthin gelassen. Cary besaß zwei Hunde, einen großen Bernhardiner und einen kleinen weißen Spitz. Die beiden folgten uns auf Schritt und Tritt.
Oft sahen wir einen alten Mann im grünen Lodenmantel auf das Gutshaus zugehen. Cary war dann wütend, sie verabscheute ihn, und er liebte offensichtlich Kinder nicht sehr, jedenfalls nicht solche wie Cary.
„Siehste, da geht der olle Barlach wieder zu meiner Mama", sagt sie, „wir schleichen ihm nach und ärgern ihn." Wir folgten ihm bis zum Dienstboteneingang an der Rückseite des Hauses. Diesen benutzte er, um seine Schuhe dort abzustellen, mit denen er vom Heidberg herunter durch den sumpfigen Teil des Seeufers gewandert war. Er ging auf Strümpfen ins Haus, und wir benutzten die Gelegenheit, ihm die Schuhe mit Wasser zu füllen. Danach versteckten wir uns im Pferdestall und warteten sehr lange. Als er herauskam und die Bescherung bemerkte,

wurde er sehr böse, schimpfte laut und drohte zum Stall herüber, denn er kannte uns Übeltäter genau und wußte, wo wir steckten.
Es war der alte Ernst Barlach, ein berühmter Bildhauer, der sich vor den Verfolgungen der Nationalsozialisten, die ihn und seine Kunst ablehnten, in seine Wahlheimat zurückgezogen hatte.
Abends fuhr Carys Mutter mich jedesmal mit dem großen Auto nach Hause. Ich versank in den Polstern und mußte meinen Hals recken, um hinaussehen zu können. Leider trennten sich unsere Wege mit Beginn der Oberschule. Sie kam in ein Internat nach Berlin, und ich habe nie wieder von ihr gehört.
Meine Mutter legte sehr viel Wert darauf, daß ich mich immer gut benahm. Mit den Worten „das gehört sich nicht" bin ich erzogen worden. Ein tiefer Knicks bei einer Begrüßung war selbstverständlich. Bei Tisch durfte ich nicht dazwischenplappern, „das gehört sich nicht". Zu spät kommen, „das gehört sich nicht", mit offenem Mund gähnen, „das gehört sich nicht", beim Spielen so laut herumschreien, „das gehört sich nicht". Mütter besaßen alle den Ehrgeiz wohlerzogene Kinder zu haben. Ich nahm diese Art der Erziehung mit einer Selbstverständlichkeit hin, und ich bin dabei ein völlig normaler Mensch geworden, ohne Ängste und Verklemmungen.

Das erste Auto

Kurz nachdem ich zur Schule gekommen war, plante mein Vater, sich selbständig zu machen und eine eigene Fahrschule zu eröffnen. Dazu brauchte er zunächst einmal ein Auto. Dieses stellte für den Durchschnittsbürger zu jener Zeit einen Luxus dar, es sei denn, man benötigte es für berufliche Zwecke, und so sollte es bei uns nun werden. Meine Eltern hatten fleißig gespart und brachten die stattliche Summe von achthundert Reichsmark zusammen. Für ein Auto aber, wie mein Vater es haben wollte, mußte man eintausendvierhundert Reichsmark bezahlen. Meine Eltern entschlossen sich, das restliche Geld zu leihen und es langfristig abzutragen.
Als meine Großeltern davon hörten, waren sie sehr ungehalten. Meine Oma machte ihrem Herzen Luft, indem sie zu meinem

Vater sagte: „Deine sichere Arbeit willst du aufgeben und dich in die Nesseln setzen? Wir haben unser Leben lang auch nicht einen blanken Hering auf Pump gekauft, und du willst Schulden machen? Kinnings, Kinnings, wenn das man gutgeht.“
Es ging gut. Mein Vater ließ sich nicht verunsichern und kaufte einen grauen Opel P 4 mit der Nummer IM-1111. Dieser Wagen war ausgestattet mit einem Trittbrett, zwei Winkern, die hochklappten, wenn man sie betätigte, und hinten am Fenster mit einem Rollo.
Oft holte mein Vater mich von der Schule ab, während ein Fahrschüler am Steuer saß. Ich durfte noch eine Freundin einladen und bis zum Ende der Fahrstunde mitfahren. Stolz und mäuschenstill saßen wir hinten. Alle Kinder, die uns sahen, beneideten uns sehr, denn in einer Kleinstadt gab es in diesen Jahren nur wenige Autos.
Sonntags fuhren wir immer aus. Zunächst klapperten wir die Verwandtschaft ab. Es ging über entlegene Dörfer auf staubigen Landstraßen oder über Kopfsteinpflaster, und meinem Vater fielen immer wieder neue Verwandte ein, die er lange nicht gesehen hatte.

Sehr gut kann ich mich an Gehlsheim erinnern. Dort lebte neben meinem anderen Opa auch Tante Anna mit ihrem Mann, Onkel August. Eigentlich war Gehlsheim eine Anstalt für geistig Behinderte bei Rostock, um die herum sich viele Leute angesiedelt hatten, so daß allmählich ein eigener kleiner Ort entstand. Dieser lag auf der anderen Seite der Warnow. Man fuhr von Rostock aus mit einer Fähre über den Fluß, das war schon ein kleines Erlebnis für sich. Tante Anna tischte stets fürstlich auf, wenn wir kamen, denn Onkel August war ein starker, sehr beleibter Mann und aß gerne. Meine beiden Vettern Ulli und Ewald nahmen mich oft mit zu ihren Freunden und brachten mir mit viel Mühe das Radfahren auf Tante Annas rostigem Drahtesel bei.
Wenn wir Gehlsheim im Winter besuchten, nahmen wir mein Federbett mit, und darin verpackte man mich auf der Rückfahrt abends, wenn es kalt wurde, denn eine Heizung kannte man noch nicht im Auto. Für die vierzig Kilometer nach Gehlsheim brauchten wir fast zwei Stunden auf der schlechten Straße.

Hochzeit mit Malheur

Mein Vater hatte noch eine jüngere Schwester in Bremen, und eines Tages hieß es, Tante Martha heiratet. Die Hochzeit sollte in Gehlsheim gefeiert werden, und wir gehörten natürlich dazu. Ich freute mich schon wochenlang vorher darauf. Hochzeit feiern, das war schön.

Die ganze Wohnung wurde ausgeräumt. In der Küche dampfte es, und vor der Etagentür stand ein Stuhl mit einem Blech voller Kuchen. Mein Vetter Ulli und ich hielten dort Wache, und jedes Kind, das eine Blume oder ein Geschenk abgab, bekam ein Stück davon.

Ich trug eine weiße Bluse, einen weißen Rock, dazu schwarze Lackschuhe und fand mich wunderschön. Ulli und Ewald hatten Matrosenanzüge an. Diese Hochzeit wurde ein Fest für die ganze Straße. Zur Trauung standen Trauben von Menschen vor der kleinen Kapelle. Danach gab es Unmengen zu essen und sofort Kaffee und Torten hinterher. Ich weiß noch genau, daß draußen viele Kinder und auch Erwachsene standen und versuchten, in die Fenster zu gucken, um einen Blick auf die Braut zu erhaschen, denn wann gab es schon mal so etwas in einem kleinen entlegenen Nest.

Nach dem Festschmaus begann eine große Möbelpackerei, denn die Tische mußten verschwinden, um Platz zum Tanzen zu schaffen. Dann erschien denn auch ein ganz langer Mann mit einem großen schwarzen Kasten, zauberte eine Harmonika daraus hervor, und es wurde fidel. Dieser Mensch sang so ulkige Sachen, rollte mit seinen dicken Augen, konnte mit den Ohren wackeln – ich wollte keine Minute versäumen, um zu verschwinden – da passierte mir das Malheur. Meine Blase war dem Druck meiner Lachmuskeln nicht gewachsen, der schöne weiße Rock! Alle lachten noch lauter, natürlich über mich. Mir war das sehr peinlich.

Auf der Straße feierte man inzwischen auch lustig mit. Wir hatten die Fenster geöffnet, die Musik schallte heraus, und die ganze Nachbarschaft nahm an diesem Fest Anteil. Erst gegen Morgen fuhren wir nach Hause. Das Brautpaar aber sollte seine Hochzeitsnacht im Gartenhaus von Tante Anna verbringen. Alles war

hübsch hergerichtet, nur Onkel August hatte sich etwas einfallen lassen. Da es der Wonnemonat Mai war, hatte er tags zuvor eine ganze Zigarrenkiste voller Maikäfer gesammelt und dem Brautpaar diesen Kasten mit leicht angehobenem Deckel ins Bett gestellt. Die beiden sollen die ganze Nacht eine rege Beschäftigung gehabt haben, sagte man später.
Im Sommer besuchten wir sonntags alle Ostseebäder mit unserem P 4. Einmal haben wir uns sogar für den ganzen Tag einen Strandkorb in Binz auf Rügen gemietet. Lieber lustwandelten meine Eltern aber auf der Kurpromenade oder wir saßen draußen in einem der Gartencafés und beguckten die anderen Leute.

Erste Liebe zur Musik

Mit sechs Jahren bekam ich schon eine Mundharmonika und konnte sehr schnell „Hänschen klein" und „La Paloma" spielen. Das ermutigte meine Eltern zu ungeahnten Erwartungen. Sie kauften mir eine Ziehharmonika, schwarz mit weißen Knöpfen. Ich hatte damals noch so kleine dünne Finger, daß oft ein Knopf in der Harmonika verschwand und meine Mutter ihn mühsam mit einer Haarnadel wieder hervorholen mußte. Zur Freude meiner Eltern kam ich mit meinen musikalischen Fertigkeiten gut voran und gelangte über die Ziehharmonika dann auch zum Klavier.
Unterricht erhielt ich bei Fräulein Derz in der Mühlenstraße. Alle aus meiner Klasse gingen dorthin. Sie war eine zierliche, aber energische Person, trug Schuhe mit flachen Absätzen und Schnallen, hatte stets einen blütenweißen Kragen auf dem Kleid und rollte die geflochtenen Haare vor jedem Ohr zu Schnecken auf. Etwa fünfzig Jahre war sie alt und sehr streng.
Das Haus, in dem sie wohnte, hatte etwas Anheimelndes. Es war ein gotisches Backsteingebäude mit einem schönen Giebel. An die Rückseite grenzte ein kleiner Garten, und dort war die Wand des Hauses über und über mit roten Kletterrosen bewachsen, die zu den Fenstern hereinschauten. Im Übungszimmer standen zwei Klaviere, ein normales und ein stummes. Wenn ich meine Partie nicht gut geübt hatte, mußte ich sofort an das stumme Klavier und dort Fingerübungen machen, was für mich eine harte Strafe

bedeutete. Es gab in dem Hause zur Straßenseite noch ein großes Musikzimmer mit einem kostbaren Flügel. In diesem Raum wurden Konzerte gegeben, und zwar einmal im Jahr vor den Eltern. Dazu reichte man ein Täßchen Kräutertee, und die Sache war immer sehr vornehm.

Das Lyzeum und die „Direx"

Inzwischen besuchte ich bereits das Lyzeum, ein richtiges Kleinstadtlyzeum mit nur 250 Schülerinnen. Ich muß sagen, daß ich immer gern in die Schule gegangen bin. Es bestand ja auch wirklich ein enger Kontakt zwischen Lehrern, Schülern und Eltern.
Die Leiterin der Schule war Frau Direktor Simroth, nur „Direx" genannt. Sie unterrichtete selber Geschichte und Deutsch. Wie sie uns einmal in einer freundlichen Laune erzählte, war sie eine der ersten Studentinnen an der Universität in Marburg gewesen. Sie ging stets schwarz gekleidet, mit Schnürschuhen, hatte etwas vorstehende Zähne und ein verkniffenes Gesicht. Wenn sie sprach, mußte man auf Abstand gehen, da sie mit ihrer Spucke sehr großzügig umzugehen pflegte, außerdem sproß auf ihrer Oberlippe ein Damenbart. Wir fanden unsere „Direx" in der Sexta sehr witzig; später haben wir erkannt, daß sie auch sonst eine fabelhafte Frau war.
In den Jahren bereitete es keine großen Schwierigkeiten, eine Schule zu leiten, denn wir parierten, und wer es nicht tat, der flog von der Schule.
Unserer „Direx" mißfiel allerdings, daß die Hitlerjugend sich mehr und mehr in den Vordergrund drängte. Durch die vielen Pflichten, die das Regime schon uns Kindern aufzwang, wurden oft die Hausaufgaben vernachlässigt, und gegen den HJ-Dienst waren Lehrer machtlos.
Unsere „Direx" war als eine der ersten „dagegen", aber das merkten wir erst später. Im letzten Kriegsjahr trug sie dann sogar noch das Parteiabzeichen an ihrer schwarzen Bluse, sehr widerstrebend, wie wir aus ihrem Verhalten schließen konnten. Aber wenn sie sich geweigert hätte, in die nationalsozialistische Partei einzutreten, wäre sie mit Sicherheit ihres Amtes als Direktorin enthoben worden.

Die eigene Tankstelle

Trotz allem müssen es einige glückliche, unbekümmerte Jahre für meine Eltern unter Adolf Hitler gewesen sein, an die ich mich erinnern kann. Diese Ruhe und Ordnung nach den bewegten zwanziger Jahren, diese Möglichkeiten, mit Fleiß etwas zu erreichen und gutes Geld zu verdienen, machten aus meinen Eltern zufriedene Zeitgenossen.

Mein Vater pachtete zu der Fahrschule noch einen Garagenbetrieb mit Tankstelle und Autopflege hinzu, und wir zogen um. Da das neue Haus an dem Garagenhof stand, mußte meine Mutter tüchtig im Geschäft mit anpacken. Wir stellten einen Tankwart ein, und da zur gleichen Zeit meine Oma starb, nahmen wir meinen Opa zu uns. So mußte meine Mutter täglich für fünf Personen sorgen und außerdem die Kasse bedienen. Ich weiß gar nicht, wie sie das alles geschafft hat. Mein Vater trennte sich von seinem kleinen P4, der nun längst abbezahlt war, und kaufte ein komfortableres Auto mit offenem Verdeck. Da er von früh bis spät im Wagen saß, war im Sommer ein Cabriolet zu fahren sehr angenehm. Er trug dabei eine weiße Autokappe, war braungebrannt, und da er durch das viele Sitzen etwas rund geworden war, sah er aus wie Hermann Göring.

Daß mein Vater etwas Ähnlichkeit mit dem späteren Reichsmarschall hatte, kam auch daher, daß er kein Kostverächter war. Wenn meine Mutter uns ankündigte, daß es am Nachmittag herrlich frischen, selbstgebackenen Kuchen geben würde, sah das Gesicht meines Vater völlig unbeteiligt aus. Er machte sich nichts aus „süßen Kram“, wie er es nannte, aber verzichten tat er auch nicht. Also bürgerte es sich ein, daß nachmittags zum Kaffee neben dem Kuchen ein Brett mit einer großen dicken Mettwurst stand. Unter lautem Gelächter der ganzen Familie fiel mein Vater mit genüßlichem Gesicht über die Mettwurst her. „Essen und Trinken hält Leib und Seele zusammen, mein Herzing“, sagte er dabei oft zu mir. Es bedeutete ihm viel, daß nach den schlechten Zeiten die Speisekammer bei uns immer gut gefüllt war. Da man noch keine Kühlschränke im Haushalt besaß, betrieb man Vorratswirtschaft mit Dauerware. Neben unserem Treppenaufgang im Haus befand sich eine kühle Abseite, und dort hingen stets ein ganzer Schinken,

eine Seite Speck und mehrere Würste. Daher duftete es bei uns immer wie in einem Bauernhaus. Jede Woche verarbeitete meine Mutter mindestens hundert Eier, die wir uns selber aus dem Dorf holten. Um zehn Uhr morgens gab es das zweite Frühstück für meinen Vater, den Tankwart, der bei uns mit voller Beköstigung angestellt war, und für meinen Opa. Und dafür schlug meine Mutter eine Menge Speck und viele Eier in eine große Bratpfanne. Es wurde gut gegessen in der Zeit und hart gearbeitet.
Auf unserem Garagenhof und an der Tankstelle herrschte meistens reges Leben. Um sechs Uhr früh ging es los, und ich kann nicht erinnern, daß wir zu einer bestimmten Uhrzeit Feierabend machten. Unser unermüdlicher Tankwart Joseph wusch oft abends um zehn Uhr noch Autos oder wechselte Reifen und Öl. An der Tankstelle befand sich eine Klingel, und wer um Mitternacht Benzin benötigte, der wurde bedient.
Wenn der Andrang zu gewissen Zeiten sehr groß war, sprang ich mit ein. Man muß wissen, daß damals eine Tankstelle noch richtige Zapfsäulen hatte. Sie bestanden aus zwei Glasbehältern, in jeden paßten fünf Liter hinein. Diese mußte man mit der Hand hochpumpen. Während die ersten fünf Liter in den Tank liefen, pumpte man bereits die nächsten hoch. Wenn jemand dreißig Liter verlangte, dauerte es mindestens zehn Minuten, bis ein neuer Kunde bedient werden konnte. Aber man hatte damals Geduld und viel mehr Muße als heute. 37 Pfennige mußte man für einen Liter Benzin bezahlen.
Meine Eltern waren in den besten Jahren, und wenn ich zurückblicke, war die Zeit ihr absoluter Höhepunkt.
Kein Wunder, daß sie Adolf Hitler vertrauten, denn nur durch ihn hatte das Leben wieder Aufschwung genommen. Es war wieder lebenswert geworden. Es gab kaum Arbeitslose mehr, allen ging es besser. Daß aufgerüstet wurde für einen Krieg, erkannten die meisten Menschen nicht oder wollten es nicht erkennen.

Mein Hund „Mucki“ und eine große Reise

Trotz aller Arbeit feierten wir aber auch oft. Ganz regelmäßig gab es den berühmten Skatabend, alle zwei Wochen, das ließ mein Vater sich nicht nehmen. Dazu gehörten Frankes und Wittenburgs. Herr Wittenburg war der beste Schneidermeister in der Umgebung, und Frankes führten ein Geschäft mit Herrenausstattung, also alles, was man unter den flotten Anzügen trug, die Herr Wittenburg anfertigte.

An den Skatabenden saßen die Herren im Eßzimmer und hauten die Karten auf den Tisch, nachdem sie vorher „gereizt" hatten und sich so in eine nicht zu überhörende Hochstimmung steigerten, die ihre Köpfe rot anschwellen ließ. Die Damen saßen im Herrenzimmer an einem kleinen runden Tisch, handarbeiteten vornehm vor sich hin, nippten ab und zu an einem Glas Portwein, und ich wurde in die nächste Kneipe geschickt, um einen Siphon frisches Bier zu holen.

Das Schönste war, Frankes brachten immer ihren Hund mit. Alfi hieß dieser Traum von einem Hund, ein schneeweißer Foxterrier mit einem knallbunten, geflochtenen Halsband und passender Leine. Ich durfte ihn ausführen. Er ging willig mit mir, und für den Rest des Abends lag er mit dem Kopf auf meinem Schoß und ließ sich kraulen. Um neun Uhr mußte ich meistens schlafen gehen, am liebsten hätte ich den Alfi mit in mein Bett genommen. So wuchs in mir der Wunsch nach einem eigenen Hund. Ich hätte gern genau so einen wie Alfi gehabt, aber da meine Mutter am nächsten Morgen immer mit seinen weißen Haaren auf dem Teppich und dem Sofa kämpfte, kam das natürlich überhaupt nicht in Frage. An einen größeren, der unten im Hause wohnen könnte, war sowieso nicht zu denken, und was sollten wir eigentlich mit einem Hund? Immer wieder versuchte ich, meinen Eltern klarzumachen, wie notwendig ein Wächter für uns sei, wo den ganzen Tag über bei uns alle Türen offen standen. Am besten wäre für uns ein Schäferhund, aber mindestens so ein Alfi. Meine Mutter war nicht zu erweichen. Sie meinte: „Du hast dein Klavier, was willst du mit einem Hund?" Aber in den Augen meines Vaters flackerte es ein wenig, wenn ich davon sprach. Da man mir aber auf die Dauer nie einen Wunsch abschlug, war es endlich doch soweit.

Eines Tages, als ich aus der Schule kam, trippelte oben auf unserem Flur etwas Winziges, Braunes mit einer lila Schleife am Halsband hin und her und traute sich nicht herunter, weil es so

klein war. Das Hündchen, ein Zwergpinscher – viel kleiner ging es nicht mehr – hieß Mucki, und man mußte ständig aufpassen, daß man es nicht unter dem Fuß oder zwischen der Tür hatte. Er war kaum größer als mein Schuh, dieser kleine Kerl, und ich bekam für ihn auch ein knallrotes, geflochtenes Halsband mit Leine. Keiner konnte glücklicher sein als ich.
Als er sich an uns gewöhnt hatte, passierte es häufig, daß er ausriß und mich am Schultor erwartete. Mucki begleitete mich auf Schritt und Tritt. Wenn ich Jungmädel-Dienst hatte, in Reih und Glied mitmarschieren mußte, rannte er die ganze Zeit neben uns her und bellte dagegen an. Das machte ihn manchmal so müde und fertig, daß ich ihn unter meine Kletterweste stecken mußte und ihn nach Hause trug, denn seine kleine Beinchen konnten den langen Weg einfach nicht bewältigen.
Als ich elf Jahre alt war, 1938 kurz vor Kriegsausbruch, verreisten meine Eltern mit mir noch einmal. Es ging nach Süden in Richtung Leipzig und ins Sudetenland, nach Brüx und Dux, nach Karlsbad und Marienbad. Es war eine lange Fahrt, die Welt erschien uns noch sehr groß. Man steckte seine Ziele nicht so weit, und wenn man in Sachsen ein Auto mit einem Mecklenburger Kennzeichen traf, dann wurde gehupt und gewinkt, als begegnete man seinen besten Freunden.
Wir hatten einen warmen Sommer und konnten meistens das Verdeck des Autos offenlassen. Zu der Zeit waren weiße Autokappen in Mode, die den ganzen Kopf umschlossen und nur das Gesicht freiließen. Dazu trugen meine Eltern während der Fahrt kurze weiße Handschuhe, das fand man damals sehr sportlich und schick. Mucki kam natürlich mit. Wir beide saßen auf den Rücksitzen und naschten. Einmal, ich weiß es noch genau, drehte sich meine Mutter zu uns um und sagte: „Da fährt man nun mit dir durch das schöne Deutschland und du? – du interessierst dich nur für deine Tüte mit Kirschen und für deinen Hund.“ Daraufhin verschwand die Tüte natürlich erstmal, aber meinen Mucki behielt ich im Arm.
Besonders gern mochte ich es, wenn wir essen gingen. Mein Vater bat oft den Ober, ob in der Küche wohl eine Kleinigkeit für unseren Hund abfiele. Was dann kam, ähnelte einer Mahlzeit für eine Dogge. Eine Riesenschüssel voller Knochen stand vor dem

kleinen Tierchen. Uns war es dann sehr peinlich, wenn beim Verlassen des Restaurants die Schüssel fast unberührt aussah, obgleich der Hund sich große Mühe gegeben hatte, sogar noch etwas Vorrat für den nächsten Tag zu verschlingen.
Meine Mutter hatte gerade mit Erfolg ihre Fahrprüfung bestanden und sollte sich nun auf dieser Reise ordentlich einfahren. Es war in den dreißiger Jahren noch ziemlich selten, eine Frau am Steuer zu sehen, und so wurden wir sehr beachtet. Einmal fuhr meine Mutter auf der neugebauten Autobahn Berlin–Leipzig, sogar Tempo 100. Mein Gott, ich dachte, ich sollte sterben. Als mein Vater ihr dann aber Einhalt gebot, bremste sie gleich ab, denn er sagte: „Nun hör aber auf mit dem Rasen, es wird einem ja ganz schwindelig."
Meine Mutter war eine hübsche, schlanke Frau, kleidete sich modern und trug die Haare zu einer „Olympiarolle" eingeschlagen. Das sah sehr deutsch aus und paßte gut zu ihr. Nicht nur die Fahrt auf der Autobahn faszinierte mich, sondern die ganze Reise. Ich kann mich noch gut erinnern, daß wir jede Nacht in einem anderen Hotel schliefen, und ich war den ganzen Tag schon gespannt, wie mein nächstes Zimmer wohl aussehen würde.

Vergebliche Nachhilfestunden

Das Leben war schön. Ich bekam alle kleinen Wünsche erfüllt, und mit dem Lernen klappte es auch einigermaßen. Zwar hatte ich nicht immer Lust, in die Schule zu gehen, gerade dann nicht, wenn die schönen Ferien zu Ende waren, aber man traf seine Freundinnen wieder, es gab viel zu erzählen, und so kam ich eigentlich ganz gut durch.
Mathe allerdings war für mich ein rotes Tuch. Unser Lehrer Otting Frehse stellte für meine Begriffe einfach zu hohe Ansprüche an das Gehirn eines zwölfjährigen Mädchens, außerdem war er sehr streng. Mogeln gab es bei ihm nicht, er kam immer dahinter. Dafür hatte ich zum Ausgleich in Musik aber eine Eins. Als ich später in der Untertertia einmal auf einem Schulkonzert den Ungarischen Tanz Nr. 6 von Johannes Brahms auf dem Flügel vorspielen mußte, und dieses wirklich mit großem Erfolg, kam

Otting Frehse anschließend zu mir und meinte: „Ich habe ja gar nicht gewußt, daß alles, was dir im Kopf fehlt, in deine Hände gerutscht ist.“ Von da an war er sogar etwas nachsichtiger mit mir. Ich nahm es hin, habe es ihm aber nie verziehen, daß er der Ansicht war, Klavierspielen hätte nur etwas mit den Händen zu tun. Sprachen mochte ich ganz gern. Englisch machte mir Spaß, Latein weniger, aber ich lernte es eben fleißig. Aber als dann auch noch Französisch hinzukam, fühlte ich mich doch etwas überfordert. Meine Mutter fand, daß ich auf jeden Fall alles lernen sollte, was sich mir bot. „Was du lernst, kann dir keiner wegnehmen“, sagte sie oft, und wie recht sie hatte. Nur ich sah es natürlich in dem Alter nicht ein. Trotzdem ging ich in Französisch schließlich zu einer Nachhilfelehrerin, Fräulein Schmittgen. Sie war klein, dick, ihre Kleider rochen nach Mottenpulver, und sie ähnelte sehr einem Gartenzwerg. Wenn man bis zu ihr vordringen wollte, mußte man zuerst durch die Küche, die sie im wesentlichen mit himmelblauen Kochtöpfen ausgestattet hatte, dann durch ihr Schlafzimmer bis in das Studierzimmer. Dort wurde ich sofort von einem krächzenden Wellensittich begrüßt, der mir gleich auf den Kopf flog und laut schrie: „Peterle ist ein feiner Kerl!“ Das merkte ich. Fräulein Schmittgen krächzte darauf mit genau solcher Stimme zurück: „Ja, Peterle ist der beste.“ Sie grapschte den Vogel von meinem Kopf herunter, wobei ich eine Menge Haare verlor, und setzte ihn auf den Tisch. Nun begann die Übungsstunde, und Peterle machte sich daran, die Ecken meiner Hefte zu zerfleddern, was Fräulein Schmittgen zu meckernden Lachkrämpfen veranlaßte. Daß ich mich mehr für den Wellensittich als für die französische Grammatik interessierte, ist wohl verständlich. Fräulein Schmittgen aber sah das anders. Sie erklärte nach der nächsten Fünf, die ich trotz ihrer und Peterles Hilfe wieder geschrieben hatte, ich sei ein sehr unkonzentriertes Kind und solle mich lieber mit den anderen Fächern befassen. So hat ein Vogel verhindert, daß ich diese schöne Sprache besser gelernt habe.

Hitlerjugend

Oft habe ich mich gefragt, warum es mir eigentlich in der Hitlerjugend so gut gefiel. Wohl daher, weil wir sehr zur

Gemeinschaft erzogen wurden. Zuerst war man mit zehn Jahren ein Jungmädel, also JM; die Jungen hießen Pimpfe. Erst mit vierzehn wechselte man über in den Bund Deutscher Mädchen, den BDM.

Bei den Jungmädeln wurde der blaue Rock noch an die Bluse geknöpft, weil man keine richtige Taille hatte, später hielt er sich auch ohne Knöpfe mit einem Gürtel auf den Hüften. Als Schlips diente ein schwarzes Dreieckstuch, dessen beide langen Ecken man vorne am Hals durch einen braunen geflochtenen Lederknoten zog. Darüber wurde die Kletterweste getragen, eine hellbraune, samtartige kurze Jacke. Im Winter war diese Kleidung natürlich nicht warm genug, dann erlaubte man unter der Weste eine Berchtesgadener Strickjacke, die eigentlich ganz hübsch aussah. So marschierten wir bei Wind und Wetter, bei Eis und Schnee, denn die deutsche Jugend sollte hart werden.

Ganz herrlich waren jeden Sommer die Sportfeste. Es kam die große Schar der Hitlerjugend aus dem gesamten Umkreis zusammen, und es wurde ein ernsthafter Wettkampf ausgetragen, eine richtige kleine Olympiade.

Wenn dort in aller Frühe tausend oder mehr junge Menschen aufmarschierten, alle gleich gekleidet, mit Gesang und vorweg ein Fanfarenzug, dann erfaßt uns alle ein Hochgefühl, das uns einfach mitriß. Wir wollten die Besten der Welt werden – in der Disziplin, der Kameradschaft, der Stärke an Körper und Geist.

Daß wir Kinder auf etwas ganz Bestimmtes gedrillt wurden, merkten wir nicht. Wir empfanden es nur als lästig, daß man sich so viel mit Politik befassen mußte, daß man genau wissen sollte, warum das Saarland wieder zu Deutschland zurückgekehrt war, warum Österreich den Anschluß gesucht hatte und warum die Menschen im Sudetenland „heim ins Reich“ wollten. Diese Zusammenhänge begriff ich noch nicht so recht. Die Erwachsenen bejubelten ihren Hitler, also taten wir es auch.

Wir marschierten begeistert, wir sangen begeistert, und wir riefen begeistert „Heil“, aber verstanden haben wir das ganze nicht.

Meine Eltern waren sehr fleißige Leute und hatten wieder die Möglichkeit, etwas aus ihrem Leben zu machen, und das nur, weil Hitler an die Macht gekommen war. Konnte man ihnen verdenken, daß sie ihn gut fanden? Blind sind sie gewesen und haben erstmal alles gutgeheißen. Als sie merkten, daß Hitler einen anderen Weg einschlug, war es zu spät. Der Polizeistaat arbeitete schon perfekt, wer „dagegen“ war, verschwand.

Krieg und Flucht

Ich hörte ab und zu einmal das Wort „Krieg“, aber was kümmerte es mich? Meine Mutter hatte mir zwar mitunter erzählt vom Krieg 1914/18, daß es nichts zu essen gab, daß es grausam auf den Schlachtfeldern zuging, aber so würde es natürlich nie wieder werden, glaubten wir. „Nein“, sagten unsere Eltern, „Hitler wird doch nicht wieder alles zerstören, was jetzt so schön aufgebaut ist.“ Und wir sangen weiter das Horst-Wessel-Lied: „Die Fahne hoch, die Reihen fest geschlossen . . .“, und weiter riefen wir „Heil“, wenn der „geliebte Führer“ irgendwo eine Ansprache hielt.

Der Gestellungsbefehl

Der Sommer 1939 neigte sich dem Ende zu. Die letzten warmen Spätsommertage nach den großen Ferien brachen an. Ich erinnere genau, daß meine Eltern an einem Augustabend plötzlich Appetit auf ein Bier bekamen. So gingen sie einige Schritte um die Ecke in eine kleine Kneipe, vor der man draußen sitzen konnte. Der Wirt hieß Pieplow. Ich blieb zu Hause, hatte alle Fenster geöffnet und spielte Klavier. Plötzlich zerriß das Geräusch eines Motorrades die friedliche Stimmung. Ein Bote war es, der einen Eilbrief für meinen Vater brachte. Schnell rannte ich mit dem Brief zu Pieplow. Mein Vater öffnete das Kuvert, sah meine Mutter an und beide erblaßten, es war der Gestellungsbefehl.
Mein Vater sollte sich am nächsten Tag um sieben Uhr bei der Wehrmacht melden. Betroffen meinten alle: „Nun ist es wohl ernst mit dem Krieg.“ Es war ernst. Am Sonnabendmorgen, als mein Vater eben fort war, verkündete das Radio, daß unsere Truppen auf Befehl Hitlers in Polen einmarschierten und daß sich damit Deutschland und Polen im Kriegszustand befänden.

Ich war kaum zwölf Jahre alt und konnte die Tragweite dieses Geschehens nicht ermessen. Auch meine Eltern hatten keine Ahnung, was ihnen alles noch bevorstehen sollte.
In der Nacht, bevor mein Vater einrückte, fanden beide keinen Schlaf. Die ersten großen Zweifel überkamen sie. War es nötig, einen Krieg zu beginnen? Hatten sie Hitler zu blind vertraut? Ein Krieg bedeutete Opfer, Zerstörung und Entbehrungen.
Man war doch eben erst aus dem Gröbsten heraus, sagte meine Mutter, hatte so richtig Schwung, und nun sollte doch eigentlich das sorglose Leben weitergehen. Arbeiten wollte man gerne, Tag und Nacht, wenn es sein mußte, aber ein Krieg hatte noch nie etwas Gutes gebracht.
Aber wer konnte das alles nun noch verhindern? Es mußte seinen Lauf nehmen. Das Vaterland rief. Es rief meinen Vater als einen der ersten, dem konnte man sich nicht entgegenstellen.
Meine Mutter versuchte zunächst, den Betrieb notdürftig in Gang zu halten, denn man glaubte, der Feldzug sei nach kurzer Zeit entschieden. Dann würde Polen kapitulieren, und alle Männer kämen zurück. Auch unsere Freunde und Bekannten waren zuversichtlich. Das Radio brachte eine Sondermeldung nach der anderen, es gab Sieg über Sieg. Heroische Reden wurden gehalten, man mußte an Hitler glauben.
Unser Jungmädel-Dienst nahm zu. Wir erhielten politische Aufklärung, auch über Spionage und Sabotage wurde gesprochen. Alle sollten aufpassen, ob sie nichts Verdächtiges wahrnehmen konnten. „Feind hört mit“ hieß die Parole. Diese Ereignisse sah ich noch mit Kinderaugen, voller Betrübnis, daß mein Vater nicht mehr bei uns war, und ich fand es nicht gut, daß Ruhe auf unserem Autohof einkehrte, denn unser Tankwart wurde nach einigen Tagen auch Soldat. Autos durften privat nicht mehr fahren, nur noch mit einem roten Winkel auf dem Nummernschild für lebenswichtige Aufgaben. Benzin gab es auf Bezugschein, und so hörte der Betrieb an der Tankstelle auch langsam auf.
Es wurde sofort Verdunklung eingeführt, das hieß, kein Lichtschein durfte abends durch die Fenster und Türen fallen. So bekamen die wenigen Autos, die noch fuhren, Blendkappen vor die Scheinwerfer mit ganz kleinen Schlitzen. Alles war etwas

unheimlich, und es wurde immer stiller um uns. Unsere dreißig Garagen, die wir vermietet hatten, standen allmählich leer, denn die meisten Autos beschlagnahmte man. Auch bei uns erschien eine uniformierte Abordnung mit einer Liste, um unsere Fahrzeuge für den Kriegsdienst abzuholen. Zu der Zeit besaßen wir einen Opel Kadett, zwei Motorräder, und meine Mutter hatte vor einigen Monaten ein eigenes Auto, einen schicken schwarzen Opel-Olympia mit roten Felgen, von meinem Vater bekommen. Sie war sehr stolz darauf und fest entschlossen, ihren schönen Wagen zu retten. Wie sie das angestellt hat, blieb ein Rätsel. Sie muß alle Register ihrer weiblichen Verführungskünste gezogen haben, denn ich hörte ständig nur meine Mutter mit sanfter Stimme sprechen, sah durch die Gardine drei ratlose Männer, die sich gegenseitig immer wieder anblickten, weil sie diesem Redeschwall anscheinend keinen Einhalt gebieten konnten. Meine Mutter lächelte sie alle an, drehte kokett an ihrer Olympiarolle und schaffte es wirklich, daß man ihren Opel einstweilen zurückstellte.

Fahrerlaubnis allerdings bekam meine Mutter für das Auto nicht, es wurde bis auf weiteres stillgelegt, aber wir behielten es.

Mein Opa nutzte sofort eine der leerstehenden Garagen, denn eines Tages brachte er zwei süße graue Kaninchen mit. Schnell zimmerte er eine Unterkunft für die Nacht zusammen, um am nächsten Tag Holz und Draht für zwei richtige Ställe unserer beiden neuen Hausgenossen zu besorgen. Diese eine Nacht aber hatte Folgen. Es war nämlich ein Mümmelmann und eine Mümmelfrau, die er sich eingehandelt hatte. Daß mein Opa diese feinen Unterschiede nicht sofort beachtete, ehe er sie für kurze Zeit zusammensperrte, brachte uns schnell einen ungeahnten Segen. Wir kamen innerhalb eines Jahres zu vierzig Kaninchen, die uns den ganzen Krieg über eine nahrhafte Hilfe bei den immer kleiner werdenden Fleischrationen werden sollten. Alle zwei Wochen konnten wir Kaninchenbraten essen, der Nachschub war stets gewährleistet. Immer, wenn mein Opa sich daranmachte, die Ställe auszumisten, ließ er die Tiere alle frei auf dem Garagenhof herumhoppeln, und so konnte sich die ganze Sippe einige Stunden dort tummeln. Die Folgen dieses ausschweifenden Karnickelfestes brachten nach vier Wochen enormen Ertrag.

Glücklicherweise kam mein Vater nicht gleich an die Front, sondern zunächst in ein Barackenlager in einem kleinen Dorf bei Güstrow. Wir konnten jeden Sonntag mit dem Zug hinfahren, um ihn zu besuchen. Unser Mucki spielte dann natürlich total verrückt, denn er vermißte Herrchen auch sehr. Meine Mutter nahm eine große Tasche voller Kuchen oder etwas Selbstgekochtes mit, und wir tranken mit vielen Soldaten Kaffee und teilten alles redlich auf.
Die erste Kriegsbegeisterung legte sich bald. Zwar hatten wir Polen nach einigen Tagen geschlagen, aber der Kriegszustand mit Frankreich und England blieb.
Meinen Eltern war dieser Krieg ganz bestimmt nicht recht, und die meisten dachten so. Jedoch Hitler und seine Anhänger brachten es fertig, dem Volk klarzumachen, daß der Krieg zu unserem Wohle und zu unserer Sicherheit sein mußte. Es klang sehr überzeugend, wenn der Führer sprach.

Wie man sich über Wasser hält

Vom Kriegsbeginn an waren alle Deutschen vom Ausland abgeriegelt. Reisen oder andere Kontakte über die Grenzen gab es nicht mehr. Post nach draußen wurde besonders streng zensiert, und einen ausländischen Sender im Radio anzuhören, stand unter hohen Strafen. Keiner wagte es, und wenn, dann hütete er sich zu sagen, was er gehört hatte.
Der Krieg ging weiter. Die deutschen Truppen marschierten. Sie besetzten Dänemark und Norwegen, Holland, Belgien und den größten Teil Frankreichs. Hitler appellierte an sein „geliebtes deutsches Volk“, Opfer für den großen Endsieg zu erbringen.
Inzwischen mußten wir unseren Betrieb ganz schließen. Das geliebte Auto meiner Mutter träumte in der Garage vor sich hin. Ab und zu verschwand sie mit einem Staubwedel darin und dachte an bessere Zeiten.
Unser Opa hielt mit dem Besen alles rund herum in Ordnung, denn es war ja weiter niemand mehr da. Es wurde Winter, und ich sehe ihn noch mit seiner grünen Lodenjoppe und Ohrenschützern mit dem Schneeschieber hantieren. Dabei hatte er dann häufig einen Tropfen an der Nase. Fortwährend redete er mit sich

selber, und Mucki hüpfte um ihn herum und versuchte, ihn in die Hacken zu beißen. Wenn er danach durchgefroren ins Haus kam, war sein Schönstes eine Tasse heißen „Muckefuck", ein Kaffee-Ersatz. An guten Bohnenkaffee konnten wir schon lange nicht mehr denken. Opa goß sich von dieser hellbraunen Brühe etwas auf die Untertasse und schlürfte mit hörbarem Behagen. Die meiste Zeit saß er in seinem Zimmer mit dem Rücken am warmen Ofen. Er benutzte nun den alten Korbsessel, in dem Oma immer graue Socken gestrickt hatte. Um Weihnachten hing hinter dem Ofen stets ein Beutel mit knusprigen Pfeffernüssen, die meine Mutter zum ersten Advent waschkorbweise backte, und daran knabberte er den ganzen Tag.

Erstes Kriegsweihnachten

So rückte das erste Kriegsweihnachten heran, diesmal ohne Gänsebraten. Es waren Lebensmittelkarten eingeführt worden, und zum Fest gab es darauf eine kleine Sonderzuteilung. Wir selber litten noch keine Not. Eng verbunden mit unseren Verwandten auf dem Lande, sorgten diese so gut es ging für uns. Das Weihnachtsfest kann ich gut erinnern.

Mein Vater bekam keinen Urlaub, so mußten meine Mutter, mein Opa und ich allein den Heiligabend verbringen. Es war sonst alles immer so feierlich gewesen. Wir trösteten uns nur damit, daß unser Vater sich nicht in Gefahr befand, und am ersten Feiertag fuhren wir wieder zu ihm hin.

Allmählich lernte man es, Sachen zu entbehren, die man vorher für selbstverständlich gehalten hatte. Wir gewöhnten uns daran, Lebensmittel in Gramm zu messen und nicht in Pfund, auch daran, daß es für gewisse Dinge nur einen dürftigen Ersatz gab. Zum Beispiel Kunsthonig, Vierfruchtmarmelade, die mit Wurzeln verlängert war, Kuchen aus Grieß und Kaffee-Ersatz aus Korn. Die Geschäfte wurden leer. Es gab keine Auslagen in den Schaufenstern mehr. Man hatte ebenfalls Kleiderkarten eingeführt, pro Person ein Kleid oder ein Mantel oder ein Paar Schuhe im Jahr.

In manchen Häusern kehrte auch Trauer ein. Wenn die Nachricht eintraf, daß ein Familienangehöriger gefallen war, hat es viele sehr tief bewegt, denn man kannte in einer kleinen Stadt doch fast jeden.

Trotzdem eine fröhliche Jugend

Meine Eltern haben alles sicher schwerer empfunden als ich. Für mich ging vieles fröhlich weiter, die Schule und der Jungmädel-Dienst, es war höchst aufregend.
Im Sommer fuhren wir Mädchen an Sonntagen oft an den Inselsee. Die Eltern meiner Freundin Sigrid besaßen dort ein kleines Bootshaus mit einem Segelboot, das die Mutter im Krieg allein nicht nutzte. So durften wir dort an Nachmittagen herrliche Stunden verbringen. Mit der kleinen Jolle ging es auf den See hinaus. Wir badeten und kamen abends braungebrannt mit den Fahrrädern heim.
Bei schlechtem Wetter bevölkerten wir die Kinos. Güstrow hatte zwei davon, und wir sahen uns jeden jugendfreien Film an. Das Kino stellte eigentlich während des ganzen Krieges für die Bevölkerung eine begehrte Ablenkung und Unterhaltung dar. Man fühlte sich für zwei Stunden in eine andere Welt versetzt, außerdem bot es eine gute Informationsquelle, denn vor jeder Filmvorführung kam die „Deutsche Wochenschau“. Sie zeigte eine Viertelstunde lang das Kriegsgeschehen, alles natürlich positiv. Wer am Endsieg zu zweifeln begann, war nach diesen wenigen Minuten wieder überzeugt, daß wir Deutsche mit den tapfersten Soldaten und den besten Waffen die ganze Welt erobern würden.
Es gab viele sehenswerte Filme. Zarah Leander stand auf ihrem Höhepunkt, auch Marika Rökk und Johannes Heesters machten zu der Zeit Karriere. Mich begeisterten die Revuefilme, weil die Musik sehr zündend war und viel getanzt wurde. Käthe Dorsch und Heinrich George spielten vorwiegend ernste Filme, und ich bin sehr oft mit verweinten Augen aus dem Kino gekommen, es war mir dann sehr unangenehm, wenn das Licht anging.

Es wird härter

Der Krieg nahm seinen Lauf, und wir mußten alles hinnehmen. Was sollten wir wohl auch tun? Protestieren? So etwas kannten

wir damals nicht. Es hätte überhaupt nichts genützt. Es wären einige Menschen mehr ins Gefängnis gekommen, und alles wäre weitergegangen.
Mein Vater wurde nach Hamburg versetzt und sollte dort junge Soldaten im Autofahren ausbilden. Es beruhigte uns zu wissen, daß er sich nicht in unmittelbarer Gefahr befand, denn jeder dachte inzwischen nur noch an sich selbst. Wir lebten in unserer kleinen Stadt einigermaßen ruhig, aber als dieser schreckliche Krieg sich auch noch auf Rußland und Amerika ausweitete, wurde alles doch spürbar härter.
Wir selber konnten uns immer noch sattessen, und unser Hund erhielt auch noch seinen Teil, weil wir unseren Schlachter gut kannten. Jedoch in den Großstädten sah es recht böse aus. Inzwischen kam mein Vater in Urlaub nach Hause. Es muß ihm sehr schwer geworden sein, den schönen Betrieb so tot zu sehen. Immer wieder ging er über den großen Hof, ordnete hier und dort das Werkzeug, sah in jeden Winkel hinein und versuchte, seine Rastlosigkeit zu unterdrücken.

Konfirmation

Die Zeit meiner Konfirmation rückte heran. Das war in einer Kleinstadt wie Güstrow ein großes Ereignis. Meine Mutter hatte schon eine Menge „organisiert", unter anderem ein Konfirmationskleid für mich und einen Mantel. Beziehungen mußte man haben, und die hatten wir dadurch, daß die erste Buchhalterin und Bürovorsteherin der Firma Karstadt vor dem Krieg Fahrschülerin bei meinem Vater gewesen war. Sie konnte das Autofahren bei allem guten Willen nicht begreifen und setzte das Vehikel nur mit heftigen Bocksprüngen in Gang. Mein Vater übte in vielen Extrastunden mit ihr, bis das große Heulen einsetzte. Lernen aber wollte sie es auf jeden Fall, weil das Auto schon gekauft war und alle Leute davon wußten. Mein Vater brachte sie schließlich unter großen Schwierigkeiten durch die Prüfung. Das hat sie ihm nie vergessen, aber über die Bocksprünge ist sie auch später nicht hinausgekommen. Uns bewahrte sie eine herzliche Freundschaft, die uns viel nützte.

Sicher hatten sich meine Eltern meine Konfirmation früher einmal als großes Fest für ihr einziges Kind vorgestellt. Aber trotz der schlechten Zeiten lud meine Mutter sämtliche Verwandten ein, nur mein Vater bekam keinen Urlaub. Alles, was mit der Kirche zusammenhing, wurde im Dritten Reich nicht gern gesehen. An Stelle der Konfirmation gab es die Jugendweihe, eine Art ideologisch geprägter Schritt ins Leben, auch eine feierliche Handlung, aber in Uniform, mit Fahnen und Liedern, die von Vaterlandsliebe und Treue bis in den Tod handelten. Die ganze Zeremonie fand in der Ahnenhalle oder in einem Gemeinschaftssaal statt. Die Feier hielt der HJ-Bannführer ab.
Meine Eltern weigerten sich, die alte Tradition der Kirche zu brechen, und ließen mich mit einer kleinen Minderzahl aus unserer Stadt konfirmieren.
So schritt ich denn in meinem neuen Kleid hinter dem Pastor her durch unseren schönen Güstrower Dom zum Altar und bekam das erste Abendmahl. Es hat mich alles sehr beeindruckt. Fühlte ich mich doch plötzlich erwachsen und auf eine eigenartige Weise emporgehoben. Dieser Dom – er hat jedesmal eine erhabene Stimmung in mir hervorgerufen, wenn ich ihn betrat. Nun stand ich hier am Altar ohne die schützende Hand meiner Großmutter, die mich so oft als kleines Kind an diesen Ort geführt hatte. Ganz allein stand ich hier und bekannte mich zu Gott. Meine Gebete waren andere geworden. Es ging nicht mehr um lange Zöpfe und Lackschuhe. Die Bitte, daß bald der Krieg beendet sei und daß mein Vater nicht in Gefahr geraten und bald gesund für immer nach Hause kehren möge, schloß ich in meine Gebete ein.
Meine Mutter war sehr traurig, weil sie meinen Vater an diesem Tag nicht an ihrer Seite hatte. Drei Jahre währte nun schon der Krieg, und fast alle Männer waren an der Front.

Der gelbe Stern

Deutsche Truppen besetzten viele Länder. Die Lebensmittel wurden immer mehr gekürzt. Man fing an zu hamstern, denn es schlich sich auch manchmal das Gefühl der Unsicherheit ein – wie würde wohl alles auslaufen? Zweifel durfte man nicht äußern, dann wurde man sehr durchdringend angesehen: „Glaubst du etwa nicht an den Endsieg?" Es kamen die Gerüchte von der „Wunderwaffe" auf. Wenn man diese erst einsetzen würde, wäre der Krieg hoffentlich bald zu Ende. Vor zwei oder drei Jahren sah man ab und zu Juden mit einem gelben Stern am Mantel auf der Straße, aber nun waren sie alle verschwunden – ausgewandert, hieß es. Unser jüdischer Zigarrenhändler an der Ecke in der Plauer Straße war auch plötzlich nicht mehr da und sein Geschäft geschlossen. Wir meinten, er hätte wohl etwas auf dem Kerbholz, aber Näheres erfuhren wir nicht.

Die Menschen mit dem gelben Stern seien „Untermenschen", sagte man, eine minderwertige Rasse. Arisch mußte man sein, das allein zählte. Wir fragten nicht weiter. Die wenigen Menschen, die versuchten, Licht in das Dunkel zu bringen, verschwanden genauso leise wie die armen anderen auch. Meine Freunde und ich begeisterten uns für die neue Zeit, und wir waren noch zu jung, um das traurige Kapitel mit den Juden zu erkennen. Unsere Eltern beschäftigten sich mit sich selbst, den harten Verhältnissen, die nun einsetzten, und dem Überlebenskampf. Sie glaubten fest daran, daß ins Gefängnis wirklich nur Spione und Volksverräter kämen, und daß eine politische Haftanstalt eben Konzentrationslager hieß. Daß es dort auch Frauen und Kinder gab, und daß man die armen Menschen dort umbrachte, haben wir nicht gewußt und niemals für möglich gehalten. Wer so etwas erzählte, wollte die gute Sache nur untergraben und Deutschland verraten, das glaubten wir.

Wir vertrauten dem Führer blind und wurden auch immer wieder davon überzeugt, daß der Krieg zur Wahrung der Lebensinteressen unseres Volkes sein mußte und der Endsieg uns sicher sei.

Wir taten alles, was nur möglich war, sammelten Altpapier, Kräuter, schrieben Feldpostbriefe an unbekannte Soldaten, nähten Pulswärmer und Ohrenschützer, und wir sangen das Lied von Lili Marleen. Unsere deutschen Truppen in Rußland litten unter der ungewohnten grimmigen Kälte, die Versorgung klappte überhaupt nicht mehr. Inzwischen wurden alle Menschen kriegsmüde und ratlos, weil kein Ende abzusehen war.

Die Fahne hoch

Bei jedem geringsten Anlaß wurde geflaggt. Hitler liebte Fahnen, natürlich nur seine mit dem Hakenkreuz. Gelegenheiten gab es dauernd. Ob am 30. Januar zum Tag der Machtergreifung der Nationalsozialisten, ob Führers Geburtstag am 20. April, ob der 1. Mai, Tag der Arbeit, oder der 9. November, Gedenktag an den Marsch zur Feldherrnhalle in München. Jede Familie mußte eine Fahne haben und sie auch aus dem Fenster hängen. So waren an fast allen Häusern schon Fahnenstangenhalterungen angebracht. Wer sehr „dafür" war, besaß eine besonders große Fahne, die oft bis zur Etage darunter reichte und den Nachbarn das Zimmer verdunkelte. Die Übereifrigen hängten das Tuch auch schon am Abend vor dem großen Tag heraus. Es gab die genormte, etwa sechzig mal hundertzwanzig Zentimeter. Sie sah man am häufigsten. Klemmte aber nur ein ganz kleines Fähnchen zwischen zwei angelehnten Fenstern, so wurden diese Leute mißtrauisch beobachtet. Wer überhaupt nicht flaggte, bewies sehr viel Mut. Wir empfanden es als ein festliches Bild, wenn die ganze Stadt mit Hakenkreuzen geschmückt war. Alle öffentlichen Gebäude verfügten natürlich über einen hohen Mast, und dort wurden die Fahnen feierlich gehißt und wieder eingeholt, nicht einfach nur so. Auch in der Schule war das ein erhebender Moment.

An Flaggentagen begann der Unterricht eine halbe Stunde früher als sonst, das war das einzig Unangenehme dabei. Wir erschienen also pünktlich in Uniform. Unser Schuldiener, so nannte man damals noch den Hausmeister, und er fand es auch gut so, hatte die ehrenvolle Aufgabe, die Fahne hochzuziehen. Wir standen in Reih und Glied davor. „Direx" hielt eine kurze Ansprache, warum und wieso, und dann ging es los. Fräulein Schmidt, unsere Musiklehrerin, gab das Zeichen zum Singen – wir legten los: „Deutschland, Deutschland über alles . . .", dann „Die Fahne hoch . . .". Unser Schuldiener traf natürlich die Vorbereitungen so, daß die Fahne sich langsam zur Mastspitze bewegen sollte, nur konnte er es nicht immer abpassen, daß sie auch wirklich oben ankam, wenn beide Lieder zu Ende waren. Manchmal flatterte sie schon eine ganze Weile oben, und wir

sangen immer noch – das war auch nicht so schlimm – aber einmal passierte es ihm, daß er die letzten Meter zu schnell zog und das Band riß. Da sauste die riesige Fahne von oben herab und wickelte ihn völlig ein. Er strampelte wild, um aus dem Gewirr von Bändern und Fahnentuch herauszukommen, dabei wandelte sich unser Gesang in johlendes Gelächter. Aus war es an dem Tag mit der Feierlichkeit!
Das passierte aber nie wieder. Der Mast bekam noch am selben Tag neue Seile, und mit drei Stunden Verspätung flatterte uns auch die Schulfahne wieder voran. So war das alles oft sehr lustig, und wir sahen es nicht so verkniffen.
Man mußte auch immer die Fahne grüßen, denn sie war das heiligste Symbol für uns, das es gab. Wenn irgendwo eine Gruppe HJ- oder SA-Leute mit der Fahne voran marschierten, mußten alle Passanten stehen bleiben und den rechten Arm zum „Deutschen Gruß" heben. Man stelle sich vor: Gestandene Leute, Großväter und Mütter mit kleinen Kindern, alle verharrten sie dort auf der Straße, um ein Stück Stoff zu ehren. Alle taten es, und es war für uns eine Selbstverständlichkeit, damit wuchsen wir auf, „. . . denn die Fahne ist mehr als der Tod" hieß es in dem Lied der HJ, das wir oft sangen.

Tanzstunde und Gert

Langsam wurde ich erwachsener, und mein bewußtes Leben begann eigentlich erst mit dem Kriegsanfang. Einschränkungen empfand ich kaum, und meine Wünsche begnügten sich mit dem, was sich mir bot.
Es begann für mich der Unterricht in der Tanzstunde und damit eine aufregende Zeit in meinem Leben. Wir waren eine kleine Gruppe von sechs Mädchen aus meiner Klasse, die gemeinsam an diesen Stunden teilnahmen. Der Tanzkursus fand im kleinen Saal des Hotels „Erbgroßherzog" statt und wurde durchgeführt von zwei vornehmen Damen. Frau Weckmann, eine etwa sechzigjährige Offizierswitwe, gab uns Anstandsunterricht, und Fräulein Lübcke, eine unverheiratete Bohnenstange von etwa fünfzig Jahren, tanzte vor. Zunächst allein, dabei klatschte sie fortwährend mit einem Lineal in die Hände, dann angelte sie sich einen

der Jünglinge und brachte ihn sehr in Verlegenheit. Er wurde knallrot, trat ihr dauernd auf die Füße und beschloß sicherlich, nie wiederzukommen. Wir kicherten und schwitzten vor Aufregung. Nachdem wir die ersten Tanzschritte begriffen hatten, ging es richtig los.

Die Jungs – Frau Weckmann nannte sie „die Herren“ – standen uns gegenüber, und es entwickelten sich sofort Kontakte durch Blicke. Ich spürte gleich ein Paar dunkle bohrende Augen von gegenüber. Sie gehörten einem ziemlich großen, schlaksigen Knaben, der schon startbereit da stand. Als dann das Kommando „Die Herren nun bitte die Damen auffordern“ kam, stürzte er auf mich zu, schaffte es vor einem anderen zu mir, machte seine Verbeugung, und wir bewegten uns gemeinsam wie zwei steife Puppen nach dem klatschenden Taktgeräusch, das Fräulein Lübcke mit dem Lineal ihrer Hand entlockte.

Er hieß Gert, und wir wurden für die ganze Zeit des ersten Kurses unzertrennlich. Ich war fünfzehn, er siebzehn Jahre alt. Mein erster Schwarm war er, und ich mochte ihn sehr, was dann auch gleich meine Leistungen in der Schule stark beeinflußte. Zweimal in der Woche holte er mich von der Klavierstunde ab, mittags nach der Schule trafen wir uns in der Eisdiele, oft gingen wir im Dunkeln durch den Rosengarten Hand in Hand, und meine Freundinnen beneideten mich, daß ich einen richtigen Freund hatte. Nur die Lehrer sahen es nicht so gerne.

Es rückte mein sechzehnter Geburtstag heran. Da meine Mutter viel Verständnis für diese junge Schwärmerei hatte, durfte ich ein richtiges Hausfest feiern, heute heißt so etwas „Party“.

Meine Freundinnen wurden gemeinsam mit einigen Tanzstundenherren eingeladen. Meine Mutter organisierte sogar einige Hühner, so daß es ein kleines Festessen geben konnte. Danach tanzten wir nach Schallplatten, die man noch auf einem Koffergrammophon mit einer Kurbel abspielte. Wir alle empfanden es als großartiges Fest, aber bald sollte das auch vorbei sein, denn die meisten Jungen zog man sofort nach dem Abitur ein.

Gert hatte eine finnische Mutter, die während des Krieges in ihrem Heimatland lebte. Er besuchte deshalb eine Internatsschule in Güstrow, und viel später erst sind mir die wahren Zusammenhänge klar geworden.

Seine Mutter war Jüdin, und gleich nach dem Abi eröffnete er mir, daß er zu ihr nach Finnland fahren würde. Es war 1943 unmöglich, so ohne weiteres ins Ausland zu reisen, überall tobte der Krieg. Aber sein Vater, ein deutscher Offizier, hatte mit Hilfe ausländischer Freunde alles vorbereitet, um ihn auf einem Frachtschiff von Stettin aus in Sicherheit zu bringen. Als junger Halbjude gab es für ihn nur diese Möglichkeit, außer Landes zu kommen und sein Leben zu retten. Wir, und vielleicht sogar er selbst, erkannten die Gefahr, in der er schwebte, nicht. Fröhlich fragte er mich, ob ich ihn nicht bis Stettin begleiten wolle. Mir paßte es ausgezeichnet, denn ich hatte gerade Ferien, und dort wohnte Tante Trudi, die ich gern einmal besuchte. So reisten Gert und ich zusammen mit dem Zug los, und am nächsten Tag traf ich ihn am Hafen und winkte ihm nach, solange ich ihn sehen konnte. Er fuhr in die Freiheit, weg vom Krieg und von der Zerstörung. Für mich ging eine kleine Romanze zu Ende. Leider habe ich nie wieder von ihm gehört, aber eine schöne Erinnerung ist geblieben.

„Krümel" und das Schlittschuhlaufen

In den ersten Monaten des Winters 1943, der sehr kalt war, vergnügten wir uns mit Schlittschuhlaufen. Ein kleiner Teich vor dem Schloß war zugefroren, und dort verbrachten wir regelmäßig gleich nach der Schule zwei bis drei Stunden. Natürlich war es auch Treffpunkt mit unseren Freunden, denn die Jungen warteten meistens schon auf uns.

Mein neuer Freund wurde „Krümel" genannt. Er hatte mir einmal in meine hölzerne Gürtelschnalle des Mantels in Kurzschrift „Ich liebe dich" hineingeritzt, und seitdem „gingen" wir miteinander. Er war ein großer Sportler und besaß das Segelfliegerabzeichen mit drei Schwalben. Zudem war er der beste Stabhochspringer im ganzen Bezirk. Ich mochte ihn gern, nur fehlten ihm zu meinem Kummer zwei Zentimeter an meiner Größe, und das bremste die ganze Sache erheblich. Ich mochte große Männer, und wenn Krümel auch noch so nett war, die zwei Zentimeter waren nicht auszulöschen.

Durch seine Sportlichkeit fühlte ich mich sehr angespornt und wollte nicht zurückstehen. So kam es, daß wir eine Kette bildeten

und Eisschlange laufen wollten. Unser Freund Corl, der Größte und Stärkste, übernahm die Spitze; danach kamen ich, Krümel und all die anderen.
Unsere Schlange setzte sich in Bewegung und glitt davon. Aber mein Platz an zweiter Stelle wurde mir zum Verhängnis. Corl mußte uns ziehen und stieß sich kräftig nach hinten ab. Die Kufen seiner Schlittschuhe schlugen gegen meine Schienbeine, und es tat so schrecklich weh, daß mir fast übel wurde. Krümel bemerkte auch sofort, daß ich taumelte und eine Blutspur hinterließ. Damit endete in diesem Winter das Schlittschuhlaufen für mich.
Die Jungen untersuchten mein Bein, und als sie die große Wunde sahen, handelten sie sofort. Sie verschränkten ihre Hände, setzten mich darauf, einer band seinen Schal ab, trug darin mein verletztes Bein vorweg, und alle redeten mir gut zu. So transportierten sie mich durch die halbe Stadt zu einem Arzt. Dort bekam ich erst einmal ein Schmerzmittel, danach wurde die Wunde geklammert, und ich mußte vier Wochen still im Bett liegen. Sechs Wochen fehlte ich in der Schule, aber ich erinnere diese Zeit als ein wunderbares Bekenntnis der Kameradschaft meiner Freunde, denn es verging nicht ein einziger Tag, an dem nicht einer von ihnen bei mir saß. Sie wechselten sich regelmäßig ab, um mir die Schulaufgaben zu bringen und mir dabei zu helfen. Die Narbe an meinem linken Schienbein habe ich noch heute, und viele Jahre diente sie als unveränderliches Kennzeichen in meinem Paß.
Als es Frühling wurde, mußte auch Krümel zum Militär. Natürlich wurde er als Flieger ausgebildet. Wir schrieben uns noch lange Zeit Feldpostbriefe. Allmählich aber zerriß auch dieses Band. Da ich immer Spaß am Tanzen hatte, eilte ich wieder zu Frau Weckmann und Fräulein Lübcke.
Die Tanzstunden stellten eigentlich unsere einzige private Zerstreuung dar. Es durfte sonst in keinem Lokal mehr getanzt werden, obgleich die vielen Fronturlauber sicher gern eine derartige Abwechslung genossen hätten, um einmal ihrem Soldatenalltag zu entfliehen.
Für uns jedoch erreichte Frau Weckmann immer noch einmal wieder eine Sondergenehmigung. So hat sie uns lange diesen fröhlichen Spaß erhalten, denn unsere kleine Mädchenrunde

nahm einen Kursus nach dem anderen, nur die Jungen wechselten. Wir fanden immer schnell wieder neue Freunde und tanzten unbekümmert durch zwei Kriegswinter.
Die neuen Verehrer besuchten die Lehrerbildungsanstalt, und da sie im Internat wohnten, kamen sie häufig zu uns nach Hause. Unsere Mütter hatten ein Herz für diese jungen Menschen. Sie wußten, daß das alles bald wieder ein Ende finden würde und wir uns dann trennen mußten. Einige Mütter, auch meine eigene, wurden von diesen Jungen richtig verehrt, und wir fühlten uns fast wie eine große Familie.

Theater in Rostock

Mit diesen Freunden tanzten wir nicht nur, sondern wir besuchten sonntags auch gemeinsam die mit Mühe aufrechterhaltenen Veranstaltungen. Rostock hatte ein schönes Theater, und dort gab es auch sehr gute Aufführungen. Alles sahen wir uns an, vom Schauspiel über die Oper bis zur leichten Muse, der Operette. Und da wir eine Gruppe von zehn Jungen und Mädchen waren, ging es auf dem Weg hin und zurück schon recht lustig zu. Wir benutzten den Zug nach Rostock. Die Züge verkehrten nicht mehr so oft, darum ging die Sache schon am Nachmittag los. So kamen wir in bester Stimmung im Theater an, doch leider wurde sie uns oft schnell zerstört. Kaum sollte die Vorstellung beginnen, heulten die Sirenen: Fliegeralarm.
Die Notbeleuchtung wurde eingeschaltet, der Eiserne Vorhang rauschte herunter, alle Türen öffneten sich, wir rafften unsere Mäntel, die wir vorsichtshalber auf dem Schoß behalten hatten, und stürzten hinaus. Ängstlich darauf bedacht, uns in der Panik und dem Gedränge nicht zu verlieren, liefen wir um die Ecke herum in einen Bunker, vor dem sich schon die Menschen drängten. Diese Ernüchterung traf uns jedesmal schrecklich.
Dort begegneten wir dann den Schauspielern in ihren vollen Kostümen und hatten mitunter das große Glück, daß „Prinz Hamlet" oder der böse „Mephisto", je nachdem, was gerade gespielt wurde, sich zu unserem Kreis gesellten.
Bomben fielen in diesem Winter auf Rostock noch nicht, aber wenn die feindlichen Kampfverbände auf dem Wege nach Berlin,

Leipzig oder anderen Großstädten unser Gebiet überflogen, gab es Alarm, und man wußte ja nie, was passieren würde. Angst hatten wir immer.
Oft dauerten diese Unterbrechungen nur ein bis zwei Stunden, dann ging die Vorstellung dort weiter, wo sie aufgehört hatte, und wir waren in tausend Nöten, unseren Zug noch zu erreichen. So blieb selbst das kleinste Vergnügen in den Jahren nie ungetrübt. Wenn man jedoch jung ist, Freunde hat, denen es auch nicht anders geht, dann werden auch diese Einschränkungen zur Selbstverständlichkeit. Wir genossen die Stunden trotz allem mit einer Sorglosigkeit und dem Gefühl „heut' ist heut'".
Aus diesem Kreis habe ich nach mehr als dreißig Jahren einige wiedergesehen, und die ganze schöne und doch so traurige Zeit war wieder da.

Marlene aus Bremervörde

Eines Tages kam in unsere Klasse eine Neue. Sie hieß Marlene und war in Bremervörde zu Hause. Auf ihren Namen war sie sehr stolz wegen „Marlene Dietrich". Sie hatte aber nicht die geringste Ähnlichkeit mit der großen Künstlerin, denn sie trug noch Zöpfe, eine Brille, und wir bedauerten sie, weil sei vom ersten Tag an unter Heimweh litt.
Eine reiche unverheiratete Tante hatte das Mädchen zu sich geholt, weil sie ihm alles vermachen wollte, ein großes Mietshaus und viel Geld. Marlenes Eltern waren einfache Menschen und von der Aussicht angetan, einmal eine wohlhabende Tochter zu haben.
Die Tante hörte auf den Namen „Clara" und litt unter Gicht. Als pensionierte Lehrerin für schwer erziehbare Kinder verfügte sie über ein außergewöhnliches Wissen, so daß sie Marlene mit ihrer Hilfe auch noch eine besonders gute Bildung angedeihen lassen wollte.
Mir tat Marlene sofort leid, weil sie oft mit verweinten Augen in die Schule kam und einen sehr bedrückten Eindruck machte. So kümmerte ich mich um sie.
Erst einmal mußte ich mich nun bei Tante Clara vorstellen, nachdem ich Marlene zu einem Kinobesuch überredet hatte. Das aber reichte nicht, Tante Clara rief zunächst bei meiner Mutter an

und prüfte deren Bildungsgrad, offenbar mit negativem Ergebnis, denn Marlene durfte nicht. „Kino, so etwas lenkt doch nur vom Lernen ab, nein, Marlene muß lernen.“ Als meine Mutter aber hartnäckig für sie Partei ergriff, wurde Tante Clara persönlich vorstellig.
Nachdem sie sich überzeugt hatte, daß wir ordentliche Leute waren, über ein Klavier verfügten, auf dem ich ihr den „Holzschuhtanz“ aus der Oper „Zar und Zimmermann“ vorspielte, durfte Marlene doch öfter zu uns, und wir gingen heimlich ins Kino. Meine Mutter hätte dieses natürlich vom erzieherischen Standpunkt niemals billigen dürfen, aber Marlene vergötterte sie dafür. So oft es ging, besuchte sie uns; sie war damals meine beste Freundin.
Als die großen Ferien näherrückten, denen Marlene entgegenfieberte, luden ihre Eltern mich für einige Tage ein. Glücklich fuhren wir beide gen Bremervörde.
Eine mollige, sehr warmherzige Mutter schloß uns bei unserer Ankunft fröhlich in die Arme. Der Vater imponierte mir, denn er war Elektriker und reparierte Telegraphenleitungen. Dazu hakte er sich große Steigbügel an die Schuhe und stieg damit an den hölzernen Telegraphenpfählen hoch, ich fand das bewundernswert. Und dann das Häuschen, in dem sie wohnten; so ein winziges Haus, wie das von Marlenes Eltern, habe ich in meinem Leben nie wieder gesehen. Es bestand aus einer ganz kleinen Küche und einem engen Wohnzimmer, in das nur ein Tisch und ein Sofa paßten. Außerdem hatte es zwei so schmale Schlafkammern, daß man erst die Tür schließen mußte, bevor man den Schrank öffnen konnte. In der einen Kammer schliefen wir beide. Dieser Raum lag dicht an der Straße, so daß man bei jedem Schritt von draußen glaubte, es ginge jemand unmittelbar an uns vorbei. Wir haben die halben Nächte gelacht und gealbert. Oft klopften die Eltern an die Wand, worauf das Gegluckse unter der Bettdecke weiterging – es war herrlich.
In Bremervörde warteten schon Marlenes alte Freunde auf uns, denn ich war rechtzeitig angekündigt worden. So lernte ich „Louschen“ kennen.
Er war ein großer, schlanker, blonder Knabe und machte gerade in Bremerhaven sein Abitur. Mit richtigen Vornamen hieß er

Wolf-Lothar. Er ging mir nicht von den Fersen, arrangierte ein Fest und Ruderpartien auf der Oste, einem kleinen Fluß. Marlenes Mutter war großzügig, wir durften spät nach Hause kommen, und dadurch fühlten wir uns sehr erwachsen. Was hätte wohl nur Tante Clara dazu gesagt? Die Mutter aber erschien jeden Abend noch an unserem Bett. Sie wartete auf uns, wir mußten unsere Erlebnisse erzählen, auch wenn Mitternacht schon vorbei war.

Als ich abreiste, waren Marlene und ich sehr traurig, aber ich konnte ihren Eltern nicht länger auf der Tasche liegen, es gab wenig zu essen, und ihre Mutter hatte ohnehin schon zwei kleine Enten meinetwegen geschlachtet.

Louschen pflückte mir zum Abschied einen riesigen Feldblumenstrauß. Alle Freunde standen auf dem Bahnsteig. Als der Zug rollte und ich den schönen Strauß näher ansah, fand ich darin einen Zettel, auf dem der Liedertext stand: „Immer und ewig trag' ich im Herzen heimlich dein schönes Bild . . ." Ich kam mir wie im siebenten Himmel vor, aber war gleichzeitig unglücklich, daß ich fort mußte. Louschen und ich haben uns eine Zeit lang geschrieben, aber gleich nach dem Abitur wurde auch er eingezogen und sofort an die Front geschickt. Später habe ich erfahren, daß er unversehrt zurückgekommen und nach Amerika ausgewandert ist.

Bomben und schwere Stunden

Der Krieg wurde immer unbarmherziger. Hitler und Goebbels verkündeten unentwegt den bevorstehenden großen „Endsieg", aber viele glaubten ihnen nun nicht mehr. In den Großstädten fielen die Bomben, alles lag in Trümmern, und mancher Soldat, der auf Heimaturlaub kam, fand nichts mehr vor, keine Familie und keine Bleibe.

Es gab kaum noch etwas zu essen, von Garderobe ganz zu schweigen. Meine Mutter schaffte es immer noch, durch gute Beziehungen hin und wieder einen Stoff zu ergattern. Damit fuhren wir mit dem Zug nach Schwerin. Dort lebte eine Kusine meiner Mutter, die Erna hieß wie sie und Schneiderin war. Sie

nähte uns alles, machte aus alt neu, wendete, kürzte, verlängerte. So hatten wir es immer noch besser als viele andere.
Unser Vater brachte den jungen Soldaten in Hamburg das Autofahren auf Holzgasautos bei, denn Benzin war sehr knapp. Alles war knapp. Auch Urlaub bekam er kaum, wir hatten nur den Vorteil, daß wir mit ihm telefonieren konnten, und das taten wir jede Woche.
In der Schule hatte ich nun die Untersekunda erreicht. Große Lust verspürte ich eigentlich nicht mehr, mein Abitur zu machen. Man wußte doch überhaupt nicht, ob der Krieg jemals ein Ende nehmen und was dann geschehen würde. Ein richtiges Privatleben konnte man sich kaum noch vorstellen. Außerdem lockte es mich mehr, in diesen schweren Tagen dem Vaterland zu dienen; davon wurde überall gesprochen. Für ein Mädchen boten sich in diesem Falle drei Möglichkeiten: eine Schwesternausbildung, der Arbeitsdienst oder der Kriegshilfsdienst. Meiner Mutter gefiel das alles nicht. Als Krankenschwester würde ich sicherlich in Gefahr geraten, denn viele leisteten Fronteinsatz. Im Kriegshilfsdienst bestand die Gefahr, in eine Munitionsfabrik zu müssen oder Straßenbahn- bzw. Eisenbahnschaffnerin oder Postbotin zu werden. Dann wollte ich doch lieber zum Arbeitsdienst gehen, denn dort bekam man wenigstens gutes Essen, weil man oft auf dem Lande bei Bauern eingesetzt wurde. Allerdings, einen richtigen Beruf sah ich darin auch nicht. Meine Mutter schlug mir alle möglichen Tätigkeiten vor, auch die einer Gutssekretärin, und dafür konnte ich mich schon begeistern, denn auf dem Lande war ich immer gern. So nahm sie Kontakt mit dem Lette-Haus in Berlin auf, dort sollte ich eine Ausbildung bekommen.
Es brach ein neuer Sommer an, 1944. Wie schön hätte es sein können, aber unsere Freunde standen nun alle an der Front, und die Vergnügungen wurden immer seltener. Jede Nacht gab es Fliegeralarm, und drei bis vier Stunden hockten wir müde im Keller.
In Güstrow fielen nur einmal während des ganzen Krieges zwei Bomben außerhalb der Stadt, ein großes Glück für uns, aber unser schönes Rostock, vierzig Kilometer entfernt, wurde in einer Nacht in Schutt und Asche gelegt. Als wir uns im Morgengrauen aus dem Keller wagten, sahen wir den Feuerschein

am Himmel. Einige Stunden später trafen die unglücklichen Menschen, die dem Inferno entkommen waren, in Güstrow ein. Sie hatten ihre brennenden Häuser verlassen, waren zum Teil nur notdürftig bekleidet und nicht einmal mit dem Nötigsten versehen.
Ich lief zum Bahnhof, half dem Roten Kreuz, Decken und Kleidungsstücke zu verteilen, kümmerte mich um die Kinder und die älteren Leute.
Eine alte Dame stand ganz verlassen da, weinte und wußte nicht wohin. Sie mag wohl um siebzig Jahre alt gewesen sein. Ich nahm sie mit nach Hause. Meine Mutter machte ihr ein Bett zurecht, gab ihr Kleider und Wäsche, denn alles, was sie trug, roch entsetzlich nach Brand und Asche. Die alte Dame war völlig durcheinander, aber nach einiger Zeit erinnerte sie sich an ihre Verwandten im Rheinland. Zwei Tage blieb sie bei uns, bis sie von den Angehörigen abgeholt wurde. Alles, was sie besessen hatte, war verloren.
Die großen Städte brannten, besonders Berlin. Dort sollte ich nun im Frühjahr meine Ausbildung machen. Meiner Mutter war auch nicht ganz wohl bei dem Gedanken, aber wir lebten sowieso nur von einem Tag in den anderen.

Osteinsatz

In diesem herrlichen Sommer, es war warm und die Sonne kümmerte sich nicht um die schrecklichen Dinge auf der Erde, bekam ich einen Befehl zum Osteinsatz in den Ferien. Es wurde eine große Gruppe BDM-Mädchen zusammengestellt, die sich in Posen trafen und von dort aus den von uns besetzten Gebieten und den deutschen Familien aus Bessarabien und Wolynien zugeteilt wurden.
Diese Familien hatte man zwangsweise umgesiedelt und auf Güter und Höfe gebracht, von denen Polen vertrieben worden waren.
Das Glück blieb mir treu, denn ich kam in ein kleines Dorf Smilovice bei Leslau zu einer reizenden Familie, die mich wie ein eigenes Kind aufnahm. Die übrigen Dorfbewohner beachteten mich sehr, weil ich aus dem „Altreich“ stammte. Immer wieder

mußte ich von Deutschland erzählen, von den Autobahnen, die Hitler bauen ließ, von den Menschen bei uns, vom BDM, was wir taten, warum wir eine Uniform trugen, und natürlich vom Führer, den ich selber auch nie zu Gesicht bekommen hatte. Alles Fragen, die ein sechzehnjähriges Mädchen wohl nur mit einiger Phantasie beantworten konnte.

Vor allen Dingen wollten sie wissen, ob alle noch an den Sieg glaubten, wie die Stimmung wäre, und sie weinten viel, weil sie Heimweh nach ihrem Zuhause hatten und eigentlich nicht so recht wußten, warum sie hier nun auf fremder Scholle sitzen sollten.

Wir waren angewiesen, überall mit anzupacken. So half ich nicht nur im Haus, sondern auch auf den Feldern bei der Ernte. Die Arbeit fiel mir nicht leicht, aber wir waren hergekommen unter dem Motto: „Ein deutsches Mädchen klagt nicht und fragt auch nicht warum!"

In der heißen Sonne wurde gemäht, und ich ging hinter der Mähmaschine her und mußte Garben binden. Zum Teil benutzte man auch noch die Sense. Nie hatte ich vorher geahnt, daß in einem Kornfeld so viele Disteln wachsen. Meine Füße waren völlig von den harten Stoppeln zerstochen, und ich mußte am nächsten Tag bei dreißig Grad Hitze dicke Wollsocken tragen. Es gab viel zu essen, derbe Bauernmahlzeit wurde gehalten mit schwerem Brot, fettem Speck und viel Milch. Alles Dinge, die wir uns zu Hause schon lange abgewöhnt hatten, denn dort wurden uns die Lebensmittel sehr sparsam zugeteilt. Ich ging auf wie ein Hefekloß. Als das Feld abgeerntet war, luden wir die Garben auf und fuhren in die Scheune zurück. Ich saß hoch auf dem Erntewagen, und wir sangen fröhlich mit den polnischen Landarbeitern um die Wette. Für sie war der Krieg schon vorüber, alles lief zwar dürftig, aber ohne Gefahr, außerdem waren sie ohnehin an kein großartiges Leben gewöhnt.

Sonntags fuhren wir mit der Eisenbahn in die nächstgrößere Stadt, um uns mit unseren Kameradinnen zu treffen. Thorn war in unseren Augen häßlich und grau. Die Menschen, vorwiegend Polen, begegneten uns nicht gerade freundlich. Da wir außerhalb unserer Arbeit nur unsere Uniform tragen durften, fielen wir sofort auf. Ein Gefühl des Unbehagens umgab uns, und wir

waren sehr froh, wenn wir abends wieder in unser kleines beschauliches Dorf zurückkehren konnten.
Die Polen selbst, die dort geblieben waren, alles Landarbeiter, lebten sehr primitiv. Abends ging ich manchmal zu einer dieser Familien, die etwas Deutsch sprachen.
„Polnische Wirtschaft", diese Redewendung ist früher mitunter in unserer Familie als Abwertung für einen unordentlichen Haushalt benutzt worden. Hier fiel mir das Wort wieder ein. Diese Menschen waren bettelarm, absolut anspruchslos und zufrieden mit ihrer windschiefen Hütte aus Lehm und dem klapperigen Dach über dem Kopf. Der Vater, ein kleiner, sehr abgearbeiteter Mann, schlief im Stall bei seinem Pferd. Das Wohnhaus bestand aus einer Küche mit einem großen Herd, über dem ständig ein Wasserkessel hing. Außerdem gab es nur noch eine Stube. Sie wurde von der Mutter und der einzigen Tochter bewohnt und von den Hühnern. Ich traute meinen Augen nicht, als ich ein Loch in der Wand entdeckte, durch welches das Federvieh fröhlich aus- und einspazierte. Die Tiere benutzten sogar die zwei Betten, aber jeden Morgen wurde ausgefegt und der Boden mit frischem Sand bestreut.
In der Küche gab es außer dem Herd noch eine grob gezimmerte Eckbank mit einem Tisch, an dem sich das gesamte Familienleben abspielte. Daneben stand der Verschlag für die Ziege. Die Menschen waren von einer entwaffnenden Herzlichkeit und Fröhlichkeit. Abends saßen sie singend vor ihrer Kate, der Vater mit einer Fiedel, um sie herum schnatterten die Enten. Sie brauchten nicht viel zum Leben, sie waren zufrieden, daß der Krieg für sie vorbei war. Ihnen war es gleich, ob sie unter polnischer oder deutscher Herrschaft lebten, Hauptsache, sie hatten ihr Viehzeug und ihr Mehl zum Brotbacken.
Natürlich entsprach es nicht meiner Aufgabe, daß ich mich mit einer polnischen Familie anfreundete, doch wenn sie mir alle so fröhlich zuwinkten, konnte ich einfach nicht vorübergehen.
Ich habe diese sechs Wochen mit sehr unterschiedlichen Gefühlen durchgestanden und war etwas stolz auf mich selber. Der Abschied von meiner Gastfamilie verlief sehr tränenreich. Ich nahm in meinem Rucksack so viele Geschenke und Eßwaren mit, daß ich ihn kaum tragen konnte. Damit schloß dieses Kapitel ab,

und die Schule begann wieder. Ferien zum Ausruhen hatte ich nicht gehabt, aber danach fragte man damals nicht. Pflicht war das größte Wort.

Mucki muß weg

Der Krieg nahm nun bedrohliche Formen an. Alle schwer erkämpften Gebiete mußten wieder preisgegeben werden. Hitler hatte die Übermacht der Russen unterschätzt. Stalingrad war längst gefallen, und unsere Truppen befanden sich unter schweren Verlusten auf dem Rückzug. Viele öffentliche Gebäude wurden in Lazarette umgewandelt, und endlose Züge brachten immer mehr Verwundete heran. Wir warteten nur noch auf die „Wunderwaffe", von der Hitler verkündete, daß sie nun wirklich bald eine Wende bringen würde, aber nichts tat sich.
Da meine Mutter mich nun keinesfalls nach Berlin schicken wollte, das Nacht für Nacht von den feindlichen Bombern heimgesucht wurde, meldete ich mich doch noch zum Arbeitsdienst. Um keinen Preis wollte ich nochmal drei weitere Jahre die Schulbank drücken, und so wartete ich nun im Herbst 1944 auf meine Einberufung.
Inzwischen war Tante Trudi mit der kleinen Renate bei uns eingezogen. Stettin blieb auch nicht von den Bomben verschont. Nach dem ersten großen Angriff bekam sie Angst und fuhr mit ihrer kleinen Tochter zu uns. Renate war fünf Jahre alt und brachte Leben und Abwechslung ins Haus. Von unserem Mucki mußten wir uns inzwischen trennen, denn einen Hund zu halten, selbst so einen kleinen, wurde immer unmöglicher. Wir hatten nur noch das Nötigste zu essen, wie sollte unser Hund, der nur Kalbfleisch und Würstchen kannte, wohl satt werden?
Eine Schlachterfamilie, die ein eigenes Geschäft hatte, nahm ihn zu sich. Zuerst muß er Heimweh nach uns gehabt haben, denn zweimal stand er morgens vor unserem Haus mit wunden Pfoten. Er muß mehr als zwanzig Kilometer gelaufen sein. Zu gern hätte ich ihn wieder bei uns behalten, aber meine Mutter machte mir klar, daß wir die kleinen Fleischportionen, die es noch gab, nun wirklich für uns selber brauchten und ich sah es schließlich ein. Wir waren nun fünf Personen, die satt werden wollten. Wenn wir

nicht so viele Freunde und Verwandte auf dem Lande gehabt hätten, die uns immer mal etwas brachten, wäre es wohl noch viel schlimmer geworden.
Meine Mutter organisierte alles und hielt uns über Wasser, in ständiger Sorge um meinen Vater, denn in Hamburg fielen die Bomben, und wir waren immer wieder erleichtert, wenn wir eine Nachricht erhielten, daß er noch lebte.
So kam der Tag, an dem ich endlich die Schule verließ. Darüber war ich froh, denn dort hieß es immer nur: „Alles für das Vaterland – wir müssen den Krieg gewinnen – später, wenn der Krieg vorbei ist." Aber vorstellen konnte man sich das nicht. Wie würde es wohl sein? Der Krieg vorbei? Und dann weiterleben wie früher? Genug zu essen haben? Wieder etwas im Geschäft kaufen können – so richtig aussuchen. Das alles sollte es wieder geben? Unmöglich, sich das vorzustellen.

Arbeitsdienst in Dömitz

Ungeduldig wartete ich auf meinen Arbeitsdienstbefehl. Endlich, im Oktober, war es soweit. Am 1. November mußte ich mich in Dömitz an der Elbe stellen, in der uralten Burg, in der Fritz Reuter seine Kerkerhaft verbüßt hatte. Erwartungsvoll fuhr ich hin.
Im Zug war es eiskalt. Ich nahm keinen Koffer mit, denn es gab ja Uniform. Wieder Uniform. Blaues Kleid, rotes Kopftuch, schwarze Wollstrümpfe und schwarze hohe Schnürstiefel. Wer sich das mit diesen Stiefeln ausgedacht hat, den könnte ich heute noch steinigen. Durch diese äußere Hülle wurde wohl jedem jungen Mädchen ein großer Teil seines Selbstbewußtseins zerstört. Ich jedenfalls kam mir darin vor wie eine Stallmagd, und meine stürmische erste Begeisterung bekam einen beachtlichen Riß.
Die Ausgehkleidung sah etwas anders aus: brauner Rock, helle Bluse, brauner Mantel und Hut, dazu durften Halbschuhe getragen werden.
Wir waren mit sechs Mädchen auf der Stube. Ein ungemütlicher, hoher Raum mit einem großen Kachelofen, der erst abends geheizt werden durfte, und es zog durch die morschen Fenster.

Alle Gemeinschaftsräume blieben ohne Wärme, die Waschräume ebenfalls, und das Wasser war eisig. Das Essen reichte nicht aus, nur wer Küchendienst machen mußte, wurde satt und hatte es warm, daher rissen sich alle um den begehrten Posten. Spaß machte mir nur die Gemeinschaft. Alle taten dasselbe. Alle sprangen auf einen Pfiff in der Frühe um fünf Uhr aus den Betten, schnell in den Trainingsanzug und raus in den Schnee zum Frühsport. Einige von uns wurden erst wach, wenn sie schon im Schnee standen. Um die Jahreszeit im November und Dezember war es nicht gerade angenehm. Nach einer Viertelstunde Freiübungen mit Tiefdurchatmen waren wir allerdings frisch, und die kalten Räume erschienen uns nun schon wärmer. Um sechs Uhr gab es Frühstück. Wer nicht das Glück hatte, dem Küchendienst zugeteilt zu werden, bekam zwei Scheiben trockenes Graubrot, das schon am Abend vorher geschnitten worden war, fünfzig Gramm Margarine und zwei Löffel Vierfruchtmarmelade, die zum größten Teil aus Wurzeln bestand. Oft dachte ich an das schöne saftige Weißbrot zu Hause, das meine Mutter manchmal selber backte, und an die Pfanne mit Rühreiern, aber nun lief eben alles anders, und ich war ja nun mal beim Arbeitsdienst. Ich teilte es mir so ein, daß ich jedenfalls noch Spaß an der Sache hatte. Anderthalb Scheiben aß ich mit der Vierfruchtmarmelade, und auf die letzte halbe Scheibe kamen die ganzen fünfzig Gramm Margarine. So versetzte ich mich selber bei den wenigen Bissen zum Schluß in eine Illusion von Überfluß. Dazu kreiste eine Kanne „Muckefuck“, und alles spielte sich im eiskalten Turmzimmer der alten Burg ab. Danach ging es in den Außendienst oder an die Arbeit im Lager.
Endlich durfte ich auch einmal Küchendienst tun. Schon tagelang freute ich mich darauf, denn nun konnte ich mich so richtig einmal wieder sattessen. Allerdings widerfuhr mir ein schlimmes Mißgeschick.
Die Küche lag eine Treppe tiefer als das Turmzimmer. Abends, wenn alle Mädchen vom Außendienst zurückkehrten, gab es eine warme Suppe und wieder zwei Scheiben von dem „herrlichen“ Graubrot. Diese Suppe wurde heiß in Terrinen nach oben gebracht. Eine alte, kaum beleuchtete morsche Burgtreppe, die bei jedem Schritt knarrte und sehr lockere Bretter hatte, führte

hinauf. Ich nahm auch eine große, heiße Terrine in die Hände und lief los. Eins, zwei drei, vier, fünf Stufen, und die sechste schaffte ich nicht ganz. Ich kam ins Stolpern, meine heiße Suppe schwappte über, und eine ganze Menge davon ergoß sich auf die Treppe. Ich stand wie angewurzelt, die Suppe floß in ein Loch – ein Mauseloch, und siehe da, der Mausefamilie wurde es zu warm oder zu appetitlich, sie flitzte heraus, die ganze Sippe. Ich konnte vor Schreck keinen Schritt tun, die große Terrine klatschte auf den Fußboden, und die Mäuse verloren alle Hemmungen. Sie kamen in Scharen aus mehreren Löchern und badeten in Rübensuppe.

Wohl hatten wir nachts ein Knistern und Schaben gehört, aber nicht vermutet, daß es so viele Mäuse unter der Treppe gab. Für meine Kameradinnen fiel an dem Abend die Suppenration sehr dürftig aus, und ich mußte drei Tage Strafdienst in der Waschküche tun. Mehrere Nächte danach lag ich schlaflos in meinem Bett, weil ich im Geiste überall Mäuse auf mich zukommen sah, das war eine schlimme Zeit für mich.

Oft dachte ich an zu Hause und an mein schönes weiches Bett. Hier hatte jeder nur einen Strohsack und eine Wolldecke, dabei wurde es oft nachts so kalt, daß die Fenster bis oben mit Eisblumen überzogen waren und wir in den Betten klapperten. Unser Ofen ging aus, das Holz reichte nur bis zehn Uhr abends, deshalb krochen wir zu zweit in ein Bett, um uns gegenseitig zu wärmen und zwei Decken zu haben.

Weihnachten gab es eine Woche Urlaub. Wie sehr genoß ich unser Haus, meine Zivilkleidung, mein Klavier und die leckeren Vorräte aus der Speisekammer meiner Mutter, die sie mühsam aufgespart hatte. Einen kleinen Tannenbaum besorgte sie auch, sogar einige Kerzen dafür, selbst die konnte sie nur durch „Beziehungen" bekommen. So saßen wir nun ein wenig traurig mit Tante Trudi, Renate und unserem alten Opa, der schon etwas tütelig wurde, unter dem Weihnachtsbaum.

Mein Vater bekam aus Hamburg keinen Urlaub zum Fest, und wo Onkel Willi steckte, wußte Tante Trudi nicht. Seit Wochen hatte sie keine Nachricht mehr von ihm. Alles war äußerst bedrückend. Gleich nach den Feiertagen mußte ich wieder ins Lager, und es fiel mir sehr schwer.

Ich hatte mir das, was ich im Arbeitsdienst tun sollte, sinnvoller vorgestellt. Wohl war ich bereit, einiges auf mich zu nehmen und auf alle möglichen Dinge zu verzichten, wenn ich mithelfen könnte, diesen schrecklichen Krieg schneller zu beenden. Meinen Teil beitragen und, wie man uns an den Heimabenden im BDM immer wieder gesagt hatte, mein Bestes geben für den Sieg! Ich war gespannt, welchen Einsatz ich für mein Vaterland leisten sollte, aber da war nichts, was meine Erwartungen auch nur ein wenig befriedigt hätte.
Von wegen Lazaretteinsatz oder Flüchtlingshilfe. Ich wurde das Dienstmädchen einer verwöhnten Offiziersfrau, die mich auch noch an die Nachbarinnen verlieh, indem sie oft sagte: „Lassen Sie doch Ihren Kohleneimer unten stehen, den kann Ihnen meine Maid heraufschleppen." Ich schleppte. Mit zusammengebissenen Zähnen sah ich mir die Sache vier Wochen mit an, dann beschwerte ich mich. Zur Strafe für mein Aufmucken aber kam ich in die Waschküche und mußte Arbeitsmaidenwäsche waschen – den ganzen Tag lang. Meine Hände waren total ausgelaugt, und wenn ich an mein Klavier dachte . . . „ein deutsches Mädchen weint nicht", aber ich weinte. Meine Tränen liefen in die Seifenlauge, besonders als man mich ermahnte, ich hätte an dem Platz meine Pflicht zu tun, an den ich gestellt würde. Dieser Hinweis überzeugte mich absolut nicht, denn ich hielt mein Tun in dieser Zeit für wenig sinnvoll. Dann wurde ich krank. Eine Allergie zwang mich, einige trostlose Tage im Krankenzimmer des Lagers zu verbringen, alles Grübeln und Denken half nicht, danach nahm alles wieder seinen gewohnten Lauf.
Ich überlegte nur ständig, was tun, wenn es so weitergeht, denn an ein Kriegsende war nicht zu denken. Wenn die Russen nach Güstrow kämen? Einfach nach Hause fahren, darauf stand Straflager. Nicht auszudenken, daß ich nicht bei meiner Familie sein könnte, wenn das geschehen würde, aber rechnen mußte man damit. Ich schlief kaum noch und war von einer Unruhe gepackt. Eines Tages im Januar 1945 wurde unser Lager plötzlich aufgelöst. Die Burg sollte Lazarett werden, denn es kamen so viele Verwundetentransporte an, daß niemand mehr wußte, wo man die vielen bedauernswerten Menschen unterbringen sollte. So mußten wir in den letzten Tagen auf dem Bahnhof die Transporte

in Empfang nehmen und in Sälen und Schulen Strohlager zurechtmachen. Wir halfen, die Verwundeten aus den Viehwaggons auszuladen, nur notdürftig versorgt mit blutdurchtränkten Verbänden, offenen Wunden und großen Schmerzen, denn sie kamen direkt von den Kampfplätzen, die nicht mehr sehr weit entfernt waren. Ich habe in den Tagen so viel Schreckliches gesehen, so daß mir schlagartig klar wurde, wie unmenschlich ein Krieg ist.
Gesund, tapfer und voller Zuversicht waren diese Männer, die unsere Freunde oder unsere Väter hätten sein können, in den Kampf für ihr Land gezogen. Enttäuscht und verwundet an Leib und Seele, hilflos und würdelos auf primitiven Lagern in Viehwaggons kehrten sie im Februar 1945 in eine Heimat zurück, die im Begriff war, im Chaos unterzugehen.
Ich arbeitete drei Tage mit meinen Kameradinnen, ohne zu schlafen und ohne viel zu denken, nur Ohnmacht und Hilflosigkeit gegenüber diesem Elend spürte ich. Als etwas mehr Pflegepersonal vom Roten Kreuz eintraf, wurden wir entlassen. Ich war glücklich, nach Hause fahren zu können, doch konnte ich lange nicht diese schrecklichen Tage vergessen. Ich war erst siebzehn Jahre alt.

Im Lazarett

Als ich einige Zeit in der Familie verbracht hatte, kam die Sorge, was tun? Es herrschte Aufbruchstimmung. Güstrow, unsere kleine Stadt, war zu einem richtigen Feldlager geworden. Jeder Saal, jedes größere Gebäude, jede Turnhalle wurde zum Lazarett, und inzwischen trafen die ersten Flüchtlinge aus Ostpreußen und Pommern ein. Sie mußten versorgt und untergebracht werden.
Wir mußten erkennen, daß unsere Truppen der Übermacht der Russen nicht mehr standhalten konnten, aber dennoch hieß es „Führer befiel, wir folgen dir . . .“, und Hitler befahl den totalen Krieg bis zum Untergang.
Die große Wende aber war längst vollzogen. Die deutschen Truppen befanden sich auf dem Rückmarsch. Viele Verbände waren eingekesselt, ausgehungert und gefangengenommen worden. Die Russen eroberten ihre verlorenen Gebiete zurück, übten

grausame Rache und drangen bis auf deutschen Boden vor. So kam es, daß eine große Flucht der Bevölkerung nach dem Westen einsetzte. Die Angst vor den Russen, die raubend, plündernd, vergewaltigend, trunken vor Siegesglück vordrangen, ließ die Menschen einen Teil ihrer Habe zusammenraffen und in Richtung Westen flüchten, in der Hoffnung, nicht den Russen, sondern lieber den Amerikanern oder Engländern in die Hände zu fallen.
In unserer kleinen Stadt ging vorläufig das Leben noch weiter, aber wir machten uns nichts mehr vor. Für mich bestand große Gefahr, in eine Munitionsfabrik in der Nähe von Güstrow dienstverpflichtet zu werden, und das wäre schlimm gewesen. Dort wurde Schießpulver hergestellt, und alle, die in der Fabrik arbeiteten, bekamen von dem scharfen Staub innerhalb ganz kurzer Zeit eine kranke Lunge. Es bedeutete nicht nur Krankheit, sondern auch aschfahle Haut und rote Haare. So lief meine Mutter zu einigen Bekannten, die etwas Einfluß hatten, ließ ihren ganzen Charme spielen und schaffte es, daß ich als Telefonistin bei der Post eingesetzt wurde. Also saß ich nun in einer Reihe von zehn weiblichen Wesen mit Kopfhörern und stöpselte.
In meiner Freizeit spielte ich Klavier, und eines Tages suchte man für das Lazarett jemanden, der die Verwundeten musikalisch unterhalten konnte – das war etwas für mich. Jede freie Minute wanderte ich hin und machte „Wunschkonzert", von Peter Kreuder bis Paul Lincke, oder auch mal Mozart oder Beethoven.

Horst

Es dauerte nicht lange, bis sich ein junger Soldat fand, der gut singen konnte. Er hieß Horst und hatte einen Armdurchschuß, aber er war schon auf dem Wege der Besserung. So wurden wir zusammen mit einer jungen Sängerin, die sich auch einfand, ein feines Trio. Bald mußten wir auch in anderen Soldatenlagern spielen. Ob wir unsere Sache gut machten, weiß ich nicht. Sicher waren wir nicht bühnenreif, aber wir gaben unser Bestes, und ich glaube, alle freuten sich über jede Abwechslung.
Das Einüben fand bei uns zu Hause statt, und so kamen wir jeden Tag zusammen. Horst war nett, die Musik verband uns, und ich hatte nichts dagegen, daß wir bald als „Paar" angesehen wurden,

so war ich vor Belästigungen sicher. Es machte uns sehr viel Spaß, aber rundherum sah es böse aus.
Eines Tages standen Verwandte aus Berlin vor unserer Tür, die vor dem schrecklichen Bombenhagel geflohen waren. Tante Grete hatte mit ihrer gelähmten Mutter und ihrer kleinen Tochter Inge nichts mitnehmen können, als für jeden einen Rucksack und den Rollstuhl ihrer Mutter. So zog Tante Trudi mit Renate nach oben, und die Berliner bekamen ihre kleine Behausung. Acht Personen wollten nun jeden Tag satt werden, ein Kunststück für meine Mutter. Die letzten Reserven wurden hervorgeholt, und nun mußten wir uns die Kartoffeln, die wir bisher ausreichend gehabt hatten, auch noch zuteilen. Kunsthonig und selbstgemachten Sirup auf trockenem Brot aßen wir schon lange. Jeden Tag beratschlagten wir, wie es weitergehen sollte, und wußten nicht aus noch ein.
Mit meinem Vater in Hamburg hatten wir keine Verbindung mehr. Die Stadt war total von Bomben zerstört – ob er noch lebte? Täglich versuchte ich von meinem Platz auf der Post aus eine Leitung nach Hamburg zu ergattern, aber vergeblich, Hamburg meldete sich nur auf wenigen Leitungen, und eine Verbindung mit der militärischen Einheit meines Vaters bekam ich trotz hartnäckiger Bemühungen nicht.

Der Treck beginnt

Die Russen rückten immer näher. Stettin war schon in russischer Hand, und nur zweihundert Kilometer trennten uns von der Front.
Horst hatte seine Heimat Pommern schon verloren. Seine Mutter jedoch war mit zwei kleineren Geschwistern rechtzeitig geflohen und in einer nahen Kleinstadt untergekommen. Er selber hatte große Angst, den Russen in die Hände zu fallen, und bestärkte uns in dem Gedanken an eine Flucht. Wie viele Güstrower begannen auch wir zu packen. Lieber Himmel, aber was? Alles war mir lieb und teuer. Meine vielen Bücher, meine schönen Kleider, die meine Mutter so mühsam für mich erstanden hatte, und mein Klavier – alles sollte ich zurücklassen? Ich konnte es nicht fassen.

Meine Mutter aber traf Vorkehrungen. Das über die vielen Jahre hinübergerettete Auto sollte uns helfen, dazu noch ein kleiner Fiat-Topolino. Dieser hatte einem jungen Mann gehört, der gefallen war, seine Familie kümmerte sich nicht um den Wagen. Die beiden Fahrzeuge ließ meine Mutter von einem Automechaniker, den sie aufgetrieben hatte, fahrbereit machen. Ein Faß Benzin holten wir aus einem Versteck hervor und waren schon ruhiger wegen der Möglichkeit, einfach unsere Koffer im Auto verstauen und davonfahren zu können.

Ich brachte jeden Tag die neuesten Meldungen von der Post nach Hause, denn ein Ort nach dem anderen war nicht mehr zu erreichen. Die Russen standen am 1. Mai 1945 etwa fünfzig Kilometer vor Güstrow. Aus dem Radio ertönten Marschmusik und die ermutigenden Parolen: „Durchhalten, die Wunderwaffe wird in wenigen Tagen zum Einsatz kommen, und dann ist uns der Sieg gewiß."

Nun glaubten wir es wirklich nicht mehr.

Unser alter Opa war der einzige, der das alles nicht begriff, und das war wohl auch gut so. Er stippte sein Brot in den Kaffee-Ersatz und konnte nicht verstehen, daß es nichts Ordentliches zu essen gab. Seine vierzig Kaninchen waren längst geschlachtet, und andere Vorräte besaßen wir nun auch nicht mehr. Nirgends konnte man etwas kaufen. Die Geschäfte öffneten in diesen Tagen nicht, sondern verbarrikadierten sich. Alle Leute blieben in ihren Wohnungen, nur auf der Hauptstraße bewegte sich ein endloser Zug von Osten nach Westen. Man sah viele Leiterwagen, hoch beladen mit notwendigen Dingen, darauf saßen kleine Kinder und alte Menschen. Wer laufen konnte, ging mit Gepäck, Handkarren oder Kinderwagen hinterher. Müde Pferde zogen diese Wagen, einen nach dem anderen, schon viele hundert Kilometer, man mochte gar nicht hinsehen. Dazwischen Militärfahrzeuge, bepackte Fahrräder und manchmal eine Kuh oder eine Ziege – ein hoffnungsloser und trauriger Treck.

Sollten wir etwa in wenigen Tagen auch dabei sein?

Meiner Mutter war es klar, daß wir unseren alten Großvater auf diese Reise nicht mitnehmen konnten, denn er würde die Strapazen nicht überleben. Sie nahm Verbindung mit Verwandten auf, die nicht weit von uns entfernt auf dem Lande wohnten. Am

nächsten Tag schon kam meine Tante und holte Opa zu sich. So hatte er wenigstens noch die Hoffnung, dann und wann einmal ein Hühnerbein essen zu können, das war ihm am wichtigsten.
Wir schliefen noch eine Nacht in unseren weichen Betten, und dann wurde es höchste Zeit. Am 2. Mai wusch meine Mutter noch einmal die Tassen ab, machte Ordnung und schloß das Haus zu, als ob wir bald wiederkämen.
Wir banden das kleinere Auto hinter das größere, nachdem der Topolino nach einigen Startversuchen nicht bereit war, sich mit eigener Kraft fortzubewegen. Meine Mutter war aufgeregt und überließ mir das Steuer ihres Wagens. Wer fragte nun schon nach einem Führerschein, und fahren konnte ich schon seit meinem zehnten Lebensjahr.
In dem kleinen Auto saß Tante Grete mit der kleinen Inge und versuchte zu steuern. Auf den Rücksitz hatte sie ihre gelähmte Mutter gebettet. In unserem Wagen fuhren meine Mutter, Tante Trudi mit der kleinen Renate, Horst und ich. Bepackt waren wir bis obenhin, hoffentlich hielt die Wäscheleine das andere Auto. So verließen wir unser geliebtes Zuhause und begaben uns auf den Weg in die Ungewißheit.
Zunächst versuchten wir mit großer Mühe, uns mit dem Doppelgespann in den Treck einzureihen, dann aber ging es nur schrittweise voran. Schneller als die Pferdewagen konnten wir natürlich auch nicht fahren. Oft blieb alles stehen, weil irgendwo ein Rad gebrochen war, oder es gab eine andere Verzögerung, aber im Schneckentempo kamen wir Stück für Stück vorwärts.
Horst hatte sich auf dem Rücksitz im Auto gut verpackt, so daß er kaum zu sehen war, denn noch beging er Fahnenflucht, und darauf stand Todesstrafe. Diese wäre an Ort und Stelle vollstreckt worden, wenn man ihn entdeckt hätte.
Uns allen war es ziemlich eng, denn wir hatten sehr viele Kleider an. Meine Mutter bestand darauf, daß wir doppelte Garnituren anziehen sollten, denn was man am Leibe trägt, kann einem keiner nehmen, stellte sie, ohne Widerspruch zu dulden, fest.
So hatte ich zwei Röcke übereinander, eine Kostümjacke und meinen dicken Wintermantel angezogen. Es war ein sommerlicher 2. Mai, und wir schwitzten entsetzlich.

Als Wegzehrung nahmen wir eine Flasche Sekt, die noch den Krieg überlebt hatte, etwas Butter und ein Brot mit. Bis zum Abend schafften wir etwa dreißig Kilometer. Vor uns lag ein kleines Dorf, Tarnow, das wir passieren sollten.
Tante Grete in dem kleinen Auto hinter uns am Steuer tat ihr Bestes. Sie lenkte nicht nur, sondern sie trat auch kräftig auf die Bremse. Wir ruckten uns bis dahin mit großer Mühe durch die Landschaft, aber plötzlich – unsere treue Wäscheleine riß. Wir mußten anhalten und stoppten damit den ganzen Treck, keiner konnte vorbei, denn die Straße war schmal. Einige Soldaten tauchten auf und machten uns schnell wieder mit einer Kette flott. Die Reise ging weiter, aber nur einige hundert Meter, dann brach auch die Kette.
Da Tante Grete mit ihren Nerven völlig am Ende war, erklärte sie, daß sie keinen einzigen Meter mehr auf diese Weise zurücklegen würde. Soldaten schoben daraufhin das kleine Auto von der Straße. Der Zufall wollte es, daß wir vor dem Pastorat des Dorfes hielten. Als der Pastor die gelähmte alte Dame in dem kleinen Wagen sah, erbarmte er sich und nahm die drei für die Nacht in seinem Hause auf. Morgen würde man weitersehen. Tatsächlich sind sie während des Einzugs der Russen bei der Pastorenfamilie geblieben und einigermaßen gut davongekommen.
Wir aber setzten uns wieder in Bewegung. Jedoch kaum hatten wir das Dorf durchfahren, tat unser Auto seinen letzten Seufzer. Ratlos sahen wir uns an. Sollte uns diese Flucht nicht gelingen? Aber Zeit, über unser Schicksal nachzudenken, hatten wir nicht. Wieder waren wir es, welche die Straße verstopften. Alle wollten weiter, und so wurden wir schnell mitsamt dem Wagen an die Seite geschoben.
Meine Mutter nahm aber sofort wieder alles in die Hand.
Einige Schritte entfernt lag ein Gasthof. Wie sie es geschafft hat, uns dort für die Nacht unterzubringen, kann nur mit dem schwer beladenen Auto zusammengehangen haben. Der Wirt versprach sich anscheinend viel von unserem Gepäck, sonst wäre es wohl nicht möglich gewesen, einen Raum aufzutreiben, der nicht schon vielen Menschen als Zuflucht diente.
Nun gingen wir daran, unsere Koffer vor den Plünderungen der Russen zu verstecken. Im Schweinestall unter dem Stroh, auf

dem Dachboden, im Keller, überall verteilten wir einige Stücke. Meine Mutter hatte viel gute Wäsche eingepackt und unser gesamtes Silber.
Was blieb uns nun anderes, als die Russen in diesem Dorf zu erwarten? Wir waren entschlossen, es irgendwie durchzustehen. Zu Fuß kamen wir nicht weit, das wußten wir, und die Russen würden mit Sicherheit in dieser Nacht hier eintreffen. Mit der Panne an unserem Auto hatten wir nicht gerechnet. Wir fühlten uns so sicher und geborgen darin. Nun mußten wir alle erkennen, daß wir in der gleichen unsicheren Lage waren wie alle anderen Flüchtlinge. Zu spät hatten wir uns auf den Weg gemacht. Dieser Gedanke ließ uns mutlos und traurig werden.
Der nächste Morgen, ein herrlich warmer Maitag auf dem Lande, brach an. Es erschien alles so friedlich. Hühner gackerten, eine goldene Sonne breitete sich über den mecklenburgischen Feldern aus, das Vieh wurde versorgt, und damit erwachte das kleine Dorf. Eine eigenartige Stimmung umfing uns. Wir hatten kaum geschlafen in der Nacht, denn es drängten sich uns zu viele Fragen auf, für die wir keine Lösung fanden.

Trennung von der Mutter

War es richtig, daß wir fortgegangen waren?
Wenn unser Vater nun kam und uns nicht finden würde?
Wir hatten schon viele Männer beobachtet, die sich im Schutze einer Mauer oder Hecke die Uniformen auszogen und in alte Jacken schlüpften, so daß sie nicht mehr als Soldaten zu erkennen waren. Wenn unser Vater das auch tat? Sollten wir vielleicht doch zurückgehen? Aber wie? Und wo waren die Russen wohl jetzt? Irgendwo mußten wir ihnen begegnen, weglaufen konnten wir nun nicht mehr.
Ich sah, wie die Augen meiner Mutter immer öfter nachdenklich auf mir ruhten und ihr Gehirn fieberhaft arbeitete. Sie hatte große Sorge um mich.
In unserer Angst und Ratlosigkeit faßten wir den Gedanken, uns im Wald zu verstecken, bis sich alles beruhigt hätte. Unser Brot reichte noch einen Tag, und Hunger verspürten wir ohnehin nicht.

Wir gingen über die menschenleere Landstraße bis zum Waldrand. Dort suchten wir uns einen Platz im Dickicht, und Horst schleppte Zweige herbei, um uns zu tarnen. Sehr beklommen war uns zumute. Außer dem Gesang der Vögel war rundherum kein Laut zu hören. Die letzten, die zu dem Treck gehörten, hatten in der Nacht das Dorf verlassen. Alle, die zurückgeblieben waren, verkrochen sich nun angstvoll in den Häusern und warteten auf den Einzug der Russen.
Tante Trudi saß mit Renate fest im Arm auf dem Waldboden und weinte. Unsere Angst war unbeschreiblich.
„Nein“, flüsterte meine Mutter plötzlich, „hier können wir doch nicht bleiben. Wenn die Russen uns hier finden, dann geht es uns schlecht. Sie durchkämmen mit Sicherheit die Wälder – kommt, Kinder, wir gehen zurück ins Dorf, dort sind wir wenigstens unter Menschen.“
Wir fühlten, daß sie recht hatte, denn im Wald wären wir schutzlos allem ausgeliefert gewesen. Wir brachen wieder auf und gingen den Weg zurück.
Unterwegs sagte meine Mutter zu mir: „Wenn wir noch irgendwelche deutsche Soldaten treffen, dann flehe ich sie an, wenigstens dich mitzunehmen, denn Soldaten schlagen sich vielleicht noch durch – dann gehst du mit, nicht wahr? Und du versuchst, nach Schwerin zu kommen.“ Ich weiß nicht mehr, ob ich geantwortet habe, ich glaube, ich nahm ihre Worte nicht so ernst.
Wir waren völlig ratlos, ohne Mut, mit den gespannten Nerven am Ende und fühlten uns heimatlos. Wir fragten uns, ob der Treck es wohl noch schaffen würde bis zu den amerikanischen Linien. Weit konnte es nicht sein, irgendwo in dieser Gegend mußten sich die Amerikaner mit den Russen begegnen, und dann war doch sicherlich für uns der Krieg endlich vorbei.

Inzwischen erreichte die Sonne ihren höchsten Stand, die Luft flimmerte vor Hitze, wir schwitzten entsetzlich in unseren dicken Kleidern, und Renate hatte Durst. Es blieb uns keine Wahl, wir mußten zurück ins Gasthaus, wo sich unsere Koffer befanden und unser kaputtes Auto stand, um etwas zum Trinken für die Kleine zu bekommen.

Auf einmal hörten wir Motorengeräusche. Wir zuckten schon in der Angst vor den Russen zusammen, aber nein, ein großer Wagen vom Roten Kreuz kam angefahren.
Meine Mutter wurde hellwach. Sie stellte sich mitten auf die Straße, so daß der Wagen anhalten mußte. Ich glaube, sie hätte sich auch überfahren lassen in dem Augenblick. Ehe ich es richtig begriff, hörte ich ein langes Palaver und dann: „Komm, Kind, steig ein – und du auch, Horst, sie nehmen euch beide mit."
Wie ich in das Auto hineingekommen bin, weiß ich nicht mehr, ich muß wie im Traum gehandelt haben, aber ich stieg wirklich ein.
Das Auto fuhr schon los, als ich mich umsah und merkte, daß meine Mutter, Tante Trudi und Renate zurückblieben. Mir stockte der Atem, sie wurden immer kleiner, und schließlich sah ich sie nicht mehr. Ich weiß nur noch, daß ich anfing zu weinen und nicht aufhören konnte.
Horst versuchte mich zu beruhigen, und dann hörte ich eine väterliche Stimme: „Nun wisch man deiner Schwester die Tränen ab, mein Jung, wir bringen euch schon rüber, wir wollen ja auch hin." Jetzt wußte ich, daß meine Mutter uns als Geschwister ausgegeben hatte, und der alte Feldwebel versuchte nun „Hänsel und Gretel" zu retten. Nach einer Weile merkten wir, daß wir in einem Verpflegungswagen vom Roten Kreuz saßen. Der Feldwebel und ein Gefreiter hatten sich anscheinend in letzter Minute mit diesem Auto selbständig gemacht. Verhungern konnten wir hier also nicht.
Als erstes packte uns der Feldwebel, der mein Vater hätte sein können, zwei Rucksäcke voll mit Schokolade, Milchpulver, Fleischkonserven und Kaffee, alles Kostbarkeiten, die wir kaum noch kannten. „Für alle Fälle", sagte er, „falls die Kiste keinen Sprit mehr hat und wir auf Schusters Rappen weiter müssen." Vorläufig aber fuhren wir noch auf menschenleeren Straßen gen Westen. Durch verlassene Dörfer, die wie ausgestorben wirkten, ging es in Richtung Schwerin, denn dort sollten schon die Amerikaner sein. Die beiden Soldaten kannten sich aus.
Horst hatte seinen Arm ohnehin noch in der Schlinge und war daran als Verwundeter zu erkennen, das paßte ihnen ganz gut mit dem Rote-Kreuz-Auto. Und ich mußte mich ja wohl oder übel

beruhigen, nur an den Abschied mit meiner Mutter durfte ich nicht zurückdenken, dann kamen meine Tränen sofort wieder.
Nach etwa zwei Stunden belebte sich die Straße etwas. Wir stießen auf vereinzelte Nachzügler des Trecks von gestern. Unsere beiden Soldaten meinten, man solle von der Hauptstraße abfahren und versuchen, auf Nebenwegen weiterzukommen. In den nächsten Feldweg bogen sie ein, und nun ging es über Stock und Stein, durch tiefen Sand, und einige Male saßen wir fest und mußten schieben.
So gut lief es hier nun auch wieder nicht, wie wir gedacht hatten. In einem Waldstück fuhren wir durch tiefen Morast und saßen dann endgültig fest. Nun hieß es, die Rucksäcke zu schultern und zu Fuß weiterzugehen. Die beiden Soldaten waren guten Mutes, sie meinten, weit könne es nun nicht mehr sein, und wir würden von hinten in das amerikanische Gebiet gelangen. Sie wollten das schon machen.
Siehe da, wir waren anscheinend mit unserer Idee nicht allein. Es erschien ein Kübelwagen mit vier Offizieren darin. Offenbar sahen sie uns noch nicht, da wir sicherheitshalber hinter die Tannen getreten waren. Sie hielten ganz dicht bei uns an und stiegen alle aus. Sie waren wohl schon länger unterwegs gewesen, denn sie schüttelten sich und liefen den Weg hin und her. Dabei entfernten sie sich ein ganzes Stück von ihrem Fahrzeug, dessen Motor noch lief.
Plötzlich fühlte ich mich von festen Armen ergriffen, stolperte vorwärts und landete in dem Wagen, der sofort anfuhr. Wir hatten den Offizieren das Auto gestohlen.
Unsere zwei Soldaten mußten sofort die Lage erfaßt haben, und alles ging blitzschnell. Hinter uns hörten wir im selben Moment Schüsse. Wir duckten uns, und der Geländewagen donnerte mit uns querfeldein. Zu unserem Glück war es hier dicht bewaldet, und wir waren schnell um eine Kurve verschwunden. Anscheinend hatten die Offiziere versucht, in die Reifen zu schießen, um uns am Entkommen zu hindern.

Nach einigen hundert Metern löste sich bei uns die Spannung, und meine drei Soldaten hielten sich den Bauch vor Lachen über ihr Bravourstück. Ich dagegen fühlte mich wie gelähmt.

Plötzlich hörten wir in der Ferne merkwürdige Geräusche. Ein tiefes Brummen wurde immer lauter. Wir hielten an und horchten. Die Soldaten sahen sich an, wurden todernst und sagten: „Panzer!"
Ganz eindeutig waren die Geräusche zu erkennen. Sie und auch Horst wußten, was dieses Brummen bedeutete. Offensichtlich waren uns die Russen dicht auf den Fersen, und die Vorhut hatte uns auf der Hauptstraße schon überholt.
Wieder mußte ich an meine Mutter und Tante Trudi denken. Mir wurde ganz schwarz vor Augen. Hatten sie das schützende Dorf noch erreicht? Alles war erst wenige Stunden her, und es erschien mir wie ein böser Traum. Ich zitterte und fragte mich, ob wir durchkommen würden. Was mochte wohl mit mir geschehen, wenn die Russen uns einholten?
Unser Feldwebel aber behielt die Ruhe, er hatte schon einiges mitgemacht.
„Los", kommandierte er, „immer neben der Straße auf kleinen Wegen bleiben und versuchen, schneller zu sein."
Unser Geländewagen würde es schon schaffen, mit dem anderen Auto hätten wir es gar nicht erst zu versuchen brauchen. Wir wurden durchgeschüttelt, wer weiß wie; der kleine Gefreite fuhr um sein und unser Leben. Die Geräusche nahmen ab, und unser Weg führte uns im Bogen wieder an die Straße heran. Jedoch kurz bevor wir sie erreichten, brach das Inferno los.
Plötzlich erschienen Flugzeuge am Himmel. Sie kamen ganz tief herab, und wirklich, sie fingen an zu schießen. Aus allen Rohren feuerten sie.
Wir merkten, daß wir uns ganz dicht an der Hauptstraße befanden, aber zum Glück schützte uns noch ein kleiner Wald. Trotzdem sprangen wir sofort aus dem Fahrzeug und warfen uns unter die Tannen.
Alles dauerte nur etwa drei bis fünf Minuten, dann drehten die Flugzeuge wieder ab, und wir konnten nur hören, was sie angerichtet hatten.
Irgend jemand trug mich ins Auto, das unversehrt dastand. In der Ferne hörte ich Menschen und Tiere schreien und hielt mir die Ohren zu. Horst umfaßte meinen Kopf und versuchte mich zu beruhigen. Ich weiß nur, daß es dunkel um mich war, weil ich

meinen Kopf unter seine Jacke steckte und nur einen Wunsch hatte, in einer schützenden Tiefe zu versinken.
In dieser Stellung habe ich wohl eine ganze Weile gehockt. Wir fuhren wieder, aber ich fühlte mich wie gelähmt. Zeitweise tauchte immer wieder das Bild von meiner Mutter und Tante Trudi auf, wie sie meinen Blicken entschwanden – was wohl aus ihnen geworden war? Es erschien mir, als ob ich schon Tage von ihnen getrennt wäre, meine Verzweiflung war groß.
Inzwischen fuhren wir langsamer und auch auf einer richtigen Straße. Ich hob meinen Kopf, öffnete meine Augen und glaubte zu träumen. Wir bewegten uns langsam zwischen vielen Menschen. Nur schrittweise rollten wir, nebenher schleppten sich verzweifelte Gestalten, einige bluteten. Am Straßenrand sah ich Pferdekadaver; Menschen in Sträflingskleidung waren dabei und schnitten Fleisch aus einer toten Kuh, sie hatten ein Feuer gemacht. Alte Leute und Verwundete wurden auf dem Rücken anderer getragen. An unserem Kübelwagen hingen inzwischen mehrere Frauen und Kinder. Eine Mutter hatte dem Feldwebel ihr etwa vierjähriges verwundetes Kind auf den Schoß gesetzt und lief nebenher. Die Straße lag voller Hausrat von umgestürzten Leiterwagen, aber unser Fahrzeug bahnte sich den Weg.
Langsam, sehr langsam näherten wir uns einer Barrikade. Wir hielten den Atem an – war es Wirklichkeit? Hatten wir unser Ziel erreicht? Zentimeterweise rollten wir mit den Menschenmassen durch eine geöffnete provisorische Schranke, hinter der amerikanische Soldaten standen.
Tatsächlich war es uns gelungen, im Wald die russischen Panzer zu überholen. Wir waren dem Tieffliegerangriff der Russen, mit dem sie die Straßen für die heranrückenden Panzer „säubern“ wollten, durch das Abbiegen auf einen Feldweg entgangen. Was mochte wohl aus den Offizieren geworden sein, denen wir das Auto gestohlen hatten?
Es war mir keine Zeit geblieben, mein Gewissen zu fragen, ob ich richtig handelte. Von anderen mitgerissen, gehetzt und in Gefahr, war ich mir dessen nicht bewußt, in welcher Lage wir die Männer zurückließen. Erst später, als sich die Bilder der letzten Stunden immer wieder in mein Bewußtsein schoben, ließ mich der Gedanke daran keine Ruhe finden.

Kriegsende im Kohlenkeller

Der lange, furchtbare Krieg war vorbei und hinterließ Schutt, Asche und zerschundene Menschen.

Wir waren müde, und doch beschlich uns ein Gefühl der Erleichterung, daß wir den Russen entkommen konnten. Hier würde es schon irgendwie weitergehen.

Es ging weiter.

Wir erreichten Schwerin und mußten alle auf eine große Wiese, dort wurden wir „geordnet". Es kamen Amerikaner, versorgten die Verwundeten und fragten uns, ob wir eine Bleibe hätten. Unsere Soldaten, denen wir großen Dank schuldeten, mußten sofort in ein Gefangenenlager.

Horst hatte inzwischen meinen Mantel angezogen, lag zusammengerollt im Auto und stellte sich schwerkrank, so erkannte man ihn nicht als Soldaten. Ich zeigte meinen Ausweis und sagte, daß ich mit meinem Bruder zu meiner Tante wolle. Die Adresse konnte ich angeben, daraufhin durften wir uns auf den Weg machen.

Die Kusine meiner Mutter, die uns im Krieg immer unsere Kleider genäht hatte, wohnte am Rande der Stadt. Ich war sicher, sie würde uns erst einmal aufnehmen. Wir waren schon ganz in ihrer Nähe, wie ich feststellte, also, im günstigen Moment den Rucksack geschultert und ab.

So einfach jedoch war es nun auch wieder nicht, durch die verwüsteten Straßen bis dorthin zu gelangen. Alles war in Aufruhr, und überall standen amerikanische Posten. Ständig wurden wir etwas gefragt, und es war kaum zu fassen, daß Horst sich in meinem Mantel, in dem er wirklich wie ein zwölfjähriger Junge aussah, ohne Schwierigkeiten an meiner Seite durchschlug. Wenn man ihn nach Papieren gefragt hätte, wäre er der Gefangenschaft kaum entgangen, aber wir müssen wie „Hänsel und Gretel" ausgesehen haben.

Irgendwie erreichten wir den Stadtteil von Schwerin, in dem Tante Erna in einem ganz kleinen Siedlungshaus wohnte. Endlich standen wir vor der Tür – furchtbar müde, hungrig und durstig, denn wir waren nicht dazu gekommen, auch nur einziges Stück aus unseren Rucksäcken zu nehmen, die uns die beiden Soldaten

vollgestopft hatten. Wir wußten kaum, was sie enthielten, nur gehütet hatten wir sie und bis hierher geschleppt.
Nun öffnete sich die Tür, und meine kleine, dicke Tante Erna schlug die Hände über dem Kopf zusammen: „Neiiin, Evi – wo kommst du denn her?“ Ich brach in Tränen aus, mein ganzer Jammer wurde mir wieder bewußt. Sie aber nahm mich an ihr großes Herz, ich schluchzte noch einen Augenblick an ihrem üppigen weichen Busen, und dann kam das, was kommen mußte. „Du bleibst natürlich hier, aber so einen fremden Jungen kann ich nicht mehr unterbringen – ist er womöglich noch Soldat? Dann muß er sich melden, sonst bin ich dran, und ich habe zwei kleine Kinder, das weißt du – und wie will er Lebensmittelmarken bekommen, wenn er sich nicht meldet?“
Ach, das war uns so unwichtig, erst mal eine Matte oder ein Sofa oder irgend etwas, worauf wir uns endlich ausruhen konnten. Dann kam Horst auf eine tolle Idee.
„Wissen Sie denn nicht, daß wir zwei uns vor einigen Wochen verlobt haben?“ Tante Erna riß die Augen auf: „Waaaas?“ „Na ja, denn! Also du kannst in einem Kohlenkeller auf den aufgestapelten Briketts schlafen und er im anderen, denn ich habe das Haus schon voller Flüchtlinge.“
So, da landeten wir also – im Kohlenkeller auf den Briketts. Es war uns aber augenblicklich ziemlich gleichgültig. Tante Erna hatte zwei Kinder, und tatsächlich war jeder kleine Raum in dem winzigen Häuschen schon mit Fremden vollgestopft.
Ich war nun also auch ein Flüchtling, und welche Nachteile das alles noch mit sich brachte, wurde mir erst später klar. Flüchtlinge waren Menschen zweiten Ranges. Sie wollten dauernd etwas haben, weil sie aber auch nichts und gar nichts besaßen. Horst und ich hüteten nun noch unsere Rucksäcke, und die erwiesen sich als sehr ergiebig, wie wir feststellten. Sie bargen Schätze. Zum Beispiel Cola-Schokolade, Kaffee, Fleischkonserven, Dosenmilch, Zigaretten – daher hatten wir auch so sehr daran schleppen müssen. Welch ein Glück, daß wir uns nicht davon getrennt hatten, denn im Moment waren wir damit sehr reich. Als Tante Erna dahinterkam, daß wir kostbarere Dinge als alte Socken in unseren Rucksäcken beherbergten, erteilte sie uns wertvolle Hinweise, natürlich nur gegen „Naturalien“. So konn-

ten wir uns zum Beispiel mit zwei Dosen Schmalz die Lebensmittelmarken für einen ganzen Monat erkaufen. Es gab darauf zwar sehr wenig, aber von Schmalz alleine hätten wir nicht leben können, so bekamen wir jedenfalls etwas Brot und einen undefinierbaren Wurstaufstrich. Ich meldete mich und erhielt dann zusätzlich meine Marken.

Im übrigen blühte der Schwarzhandel. Dort verschacherte Horst unsere Zigaretten gegen eine Zivilhose und ein Hemd für sich, denn als Soldat erkannt zu werden, bedeutete unweigerlich Gefangenenlager.

Mir ging es schlecht, ich hatte außer dem, was ich am Körper trug, keine Wäsche zum Wechseln. Zwar besaß ich zwei Röcke, aber nur eine Bluse, und in meinem Wintermantel hatte Horst geschwitzt wie noch nie. Ein herrlicher Vorsommer brach an, und ich litt in meinem Tweedrock und meiner langärmeligen Bluse. So erbarmte sich Tante Erna meiner und nähte mir ganz schnell aus Resten ein ärmelloses Oberteil und aus einem Unterhemd ihre Mannes, der sich in englischer Gefangenschaft befand, zwei Höschen. Ich war gerettet.

Tauschhandel

Wir liefen jeden Tag durch die Stadt, um zu erkunden, wie die Lage war. Regelmäßige Radiosendungen gab es nicht, nur stundenweise erfolgten Durchsagen an die Bevölkerung, und an Zeitungen war nicht zu denken. Man hörte nur „Von-Mund-zu-Mund-Parolen". Der eine hatte hier etwas vernommen und der andere da. Die Geschäfte waren geschlossen bis auf einige Lebensmittelläden, wo man seine Zuteilung auf Marken kaufen konnte. Doch Not macht erfinderisch; an den Schaufenstern hingen plötzlich lange Listen und Zettel: Tausche Schuhe gegen Mantel, oder: Tausche Mettwurst gegen Küchenstuhl, oder: Tausche englische Zigaretten gegen Kinderwagen, das war wirklich interessant und eine Möglichkeit für alle, die etwas entbehren konnten.

Für Horst wurde es immer gefährlicher, sich sehen zu lassen. Die Kontrollen nach Entlassungspapieren für junge Männer nahmen ständig zu. Horst hatte nur Glück, daß ihm die Hose, die er sich

eingehandelt hatte, nur knapp paßte, daß ich ihm die Haare wie ein Kind geschnitten hatte, und daß er ziemlich verhungert aussah. So wurde er oft nicht für zwanzig, sondern eher für fünfzehn Jahre gehalten.
Wir fanden einen Freund, den Küster der Petrikirche. Er war ein alter Mann, der mich etwas an meinen Großvater erinnerte. Als wir wieder einmal von Kontrollen überrascht wurden, flüchteten wir sicherheitshalber in die Kirche, wo er uns fand. Der Küster war sofort bereit, uns zu helfen. Als Horst sagte, er könne auf der Orgel spielen, schickte er ihn gleich auf die Empore. Bis dorthin würde die „Military Police“ nicht vordringen, meinte er. Wir gingen nun oft dorthin, und es war so wunderbar für uns, wenn wir den hohen Kirchenraum mit herrlichen Orgelklängen erfüllten; in diesen Augenblicken vergaßen wir alles um uns herum. Ich durfte auch manchmal spielen, denn Horst gab mir ein wenig Unterricht.
So vergingen fast zwei Monate. Wir hielten uns redlich über Wasser. Nur von zu Hause hörten wir nichts, und ich habe manche Nacht auf meinem Brikettlager geweint.
Inzwischen hatten die Amerikaner die Stadt Schwerin an die Engländer übergeben, und nun lief ein Gerücht, das uns sehr beunruhigte. Man sagte, Schwerin würde russisch werden. Wir wollten es nicht glauben. Sollte die ganze Flucht von vorn beginnen? Dann wäre doch alles umsonst gewesen. Unter den Russen wollte ich nicht leben. Zwar hieß es, alles würde planmäßig verlaufen, es gäbe keine Plünderungen und Vergewaltigungen, sondern die Übergabe solle sich in Ruhe abwickeln. Konnte man es glauben? Sicher bot sich uns die Möglichkeit, wieder nach Hause zu gehen, aber wie mochte es da wohl inzwischen aussehen? Man hörte zu viele schreckliche Dinge – und wieder bekam ich Angst.
Wir liefen zu unserem Küster. Er beruhigte uns und meinte: „Kommt man rechtzeitig in meine Kirche, Kinder, hier passiert euch nichts, und wenn was ist, dann spielt ihr die Orgel, ihr sollt mal sehen, dann wagt keiner, euch anzurühren.“ Er war ein lieber alter Mann, meinte es gut und tröstete uns wirklich. Tante Erna dagegen benahm sich wie ein Huhn ohne Kopf. Sie flatterte buchstäblich vor Aufregung und hatte schon viele Bretter aufge-

trieben, mit denen Horst Fenster und Türen zunageln sollte. Dahinter würden wir alle abwarten, meinte sie. Wie stellte sie sich das nur vor, wir hatten genug gesehen auf unserer abenteuerlichen Flucht, derartig unsinnige Dinge machten wir nicht mit.

Die Russen sind da

Dann aber geschah alles sehr schnell.
Ich konnte mir nicht mehr lange überlegen, ob und wohin ich wieder vor den Russen fliehen würde. Plötzlich, eines Morgens, liefen sie auf den Straßen herum. Wir hatten nichts bemerkt, alles hatte sich wirklich in einer Nacht geordnet und ruhig vollzogen. Ich sah sie zum erstenmal, die Russen, vor denen ich geflohen war. Es war ein anderer Menschenschlag. Klein, mit runden Gesichtern, hohen Backenknochen und viele mit geschorenen Köpfen. Zahlreiche Mongolen und Tataren waren unter ihnen. Sie lachten über unsere Angst. Diese Furcht jedoch, besonders die der Frauen vor Vergewaltigungen, war, wie wir alle wußten, nur zu begründet. Doch da die Stadt planmäßig übergeben und der Siegesrausch vorüber war, sorgte man für Ordnung.
Unsere Spannung löste sich nach einigen Stunden, als wir sahen, daß sich zunächst für uns nichts änderte. Die Russen waren genauso froh wie wir, daß nicht mehr geschossen wurde. Eine Frau oder ein Mädchen hatten auch viele zu Hause, doch Rußland war weit.
Bald merkte ich, daß ich meine langen blonden Haare verstecken mußte, denn sie bekamen sofort einen merkwürdigen Blick, wenn sie meinen hellen Schopf sahen. Tante Erna, die wenig zu befürchten hatte mit ihrem kümmerlichen rötlichen Dutt, gab mir ein Stück Stoff, das ich als Kopftuch umband. Für Horst blieb es gefährlich. Oft sprachen ihn Russen an: „Was, du nix Soldat?“ – „Komm, Bruder, rabotat (Arbeit) – nix Soldat? Nix rabotat?“
Horst bekam berechtigte Angst und hockte fast nur noch im Keller. Als Mädchen allein aber wagte ich mich kaum auf die Straße. Einmal aber nahm ich all meinen Mut zusammen und versuchte es. Ich wollte zu unserem Küster in die Kirche. Bis zur Ecke kam ich, dann stand ein Russe vor mir und grinste: „Frau komm“ – mir wurde heiß und kalt. Ich versuchte umzukehren,

aber er hielt mich fest. Plötzlich tauchte ein zweiter Russe auf, ich zitterte vor Angst, aber sich wehren hätte alles nur noch schlimmer gemacht. Der eine riß mein Tuch ab, meine Haare fielen herab, ich dachte: „Nun ist alles aus." Da aber war ich auf einmal umringt von mehreren, und einer sagte: „Frau, komm, Haus raboti." Ich mußte also mit in eine Villa hinein, wo ich schon zwei ältere Frauen vorfand, die mich beruhigten.
Sie drückten mir einen Eimer mit Wasser und einen Schrubber in die Hand und meinten, ich solle mir nichts gefallen lassen, die Russen würden bestraft, wenn sie Frauen anrührten. Stets auf der Hut, schrubbte ich nun den Boden, wobei dauernd Russen in der Tür auftauchten und meine Haare anfassen wollten. Mein Fetzen von Kopftuch lag irgendwo auf der Straße, deshalb konnte ich sie darunter nicht verstecken. Es ging alles gut, und als wir fertig waren, bekamen wir, jede von uns, zwei Pfund Zucker, eine Kostbarkeit.
Tante Erna und Horst waren schon in heller Aufregung, als ich wieder auftauchte, denn die Kunde war wie ein Lauffeuer bis zu ihnen gedrungen. Natürlich hatten Leute beobachtet, wie mich die Russen ins Haus zerrten, und eine böse Geschichte daraus gemacht.

Der Rücktreck nach Osten

Dieses Erlebnis regte mich sehr zum Nachdenken an.
Wozu war ich hier in Schwerin, wenn ich doch unter der russischen Besatzungsmacht leben sollte? Dann konnte ich ebensogut auch nach Hause zurückkehren. Nur, wie sollte ich da hinkommen? Züge fuhren nicht. Ob ich meine Mutter und Tante Trudi wiederfinden würde? In Güstrow kannte uns jeder. Dort hatten wir viele Freunde, irgend jemand mußte doch etwas von ihnen wissen. Ich biß mich fest an dem Gedanken der Rückkehr und wäre am liebsten allein aufgebrochen. Horst versuchte mich immer wieder umzustimmen, aber ich ließ mich nicht von meinem Plan abbringen.
Ich hatte überhaupt ein merkwürdiges Verhältnis zu Horst bekommen. Nicht die geringsten Bedenken hielten mich davon zurück, ihn bei dieser Gelegenheit zu verlassen und meinen Weg

allein fortzusetzen. Zwar mochte ich ihn, er war intelligent, besonnen und verläßlich, aber ich empfand nicht das für ihn, was ich mir unter der großen Liebe vorstellte. Wir waren durch den Zufall aneinandergekettet, und eine gemeinsame Zukunft mit ihm konnte ich mir kaum vorstellen. Diese Art von Verlobtsein war aus der Not heraus als Ausrede entstanden, und wir wollten es vor unseren Mitbewohnern nicht rückgängig machen. Wir klammerten uns aneinander, weil jeder bei dem anderen eine Art Schutz und Halt suchte.
Er tat mir leid, weil er in der gleichen Lage war wie ich, ganz allein, keine Eltern, kein Zuhause, und dazu noch die Gefahr, von den Russen eines Tages abtransportiert zu werden. Der einzige Punkt, in dem wir uns sehr gut verstanden, war die Freude an der Musik, aber diese Gemeinsamkeit war nun bis auf die wenigen Augenblicke an der schönen Kirchenorgel zusammengeschrumpft.
Ich glaube, Tante Erna durchschaute das alles, aber sie verhielt sich ruhig und war froh, daß sie uns und nicht noch mehr fremde Leute in ihrem kleinen Häuschen wohnen hatte. Für mich war es wichtig, daß ich nicht allein durch die Straßen gehen mußte, und für Horst auch.
Oft frage ich mich heute, was wir aßen und von was wir überhaupt lebten in den Wochen. Meine Mutter hatte, bevor wir Güstrow verließen, ihr Sparkonto in bar abgehoben. Davon hatte sie mir einen Teil in meinen Brustbeutel gesteckt.
Es wurden weiterhin Lebensmittelmarken ausgegeben wie vorher auch, aber kaufen konnte man nichts darauf, denn die wenigen Läden waren leer. Zu ganz unregelmäßigen Zeiten wurden Zuteilungen aufgerufen, Brot, Fett oder Kartoffeln. Wenn man das erfuhr, mußte man sich stundenlang danach anstellen. Horst wagte nicht, sich zu melden, weil er keine Entlassungspapiere besaß, darum erhielt er auch keine Marken. Unsere Rucksäcke waren inzwischen leer. Mit den Kostbarkeiten darin waren wir leider in der ersten Zeit etwas zu großzügig umgegangen. Nun mußten wir versuchen, uns so über Wasser zu halten, das war nicht einfach. Ich stand mal hier an und Horst dort, so hatte einer von uns oft mal Gelegenheit, etwas zu erhalten. Das teilten wir uns redlich, aber viel war es nicht.

Es gab noch einige Gaststätten in der Stadt, die gegen Marken warmes Essen ausgaben. Dort stellten wir uns gegen elf Uhr in einer langen Schlange an. Wenn wir Glück hatten, bekamen wir dann gegen zwei Uhr noch etwas ab. Für jeden vielleicht zwei gekochte Viehkartoffeln mit einer mageren Soße, etwas rote Bete oder Rüben und eine Frikadelle, die aber zum größten Teil aus Haferflocken bestand. Es füllte jedenfalls, und wir waren schnell satt, denn unser Magen war nicht mehr viel gewöhnt. Meistens blieb das unsere einzige warme Mahlzeit in der Woche.
Bei den Amerikanern und Engländern hatte es wenigstens noch weißes Brot gegeben. Nun bei den Russen bekamen wir nur feuchtes säuerliches Kommißbrot, und ich litt davon oft unter Magenschmerzen. Dennoch schlugen wir uns recht und schlecht durch wie alle anderen auch, aber mir ließ der Gedanke, bald wieder nach Güstrow zu gehen, keine Ruhe.
Überall horchte ich herum. Es gab so zahlreiche Menschen, die ihre Angehörigen suchten, sehr viele Familien waren auseinandergerissen worden.
Es ging nichts mehr, keine Post, kein Telefon, kein Zug, kein Bus. So entstand bei einer großen Anzahl von Leuten, die hier festhingen, der Entschluß, einen Rücktreck zusammenzustellen. Viele, die von den Russen auf ihrer Flucht eingeholt worden waren, strebten nun zurück in ihre Heimat. Es gab keine Möglichkeiten, Unterkünfte für alle Flüchtlinge aus den Ostgebieten zu schaffen. Häuser und Wohnungen, die von den Bomben verschont geblieben waren, quollen über von Menschen. Noch war Sommer, August 1945, und ein großer Teil konnte draußen auf provisorischen Plätzen in ihren Pferdewagen oder Gartenbuden kampieren, aber es würde wieder Winter werden, und was dann?
So erfuhr ich, daß in wenigen Tagen ein Treck nach Osten aufbrechen wollte. Ich war entschlossen, dabei zu sein.
Horst wollte nicht so recht, und Tante Erna warnte mich auch: „Du wirst Freiwild sein auf den Straßen, die Russen werden es doch ausnutzen. Ihr müßt draußen schlafen, und zu Fuß ist es weit bis Güstrow."
Mich konnte das alles nicht beeindrucken – ich wollte nach Hause. Widerstrebend schloß Horst sich dann doch an, und an

einem nebligen Sommermorgen um sechs Uhr früh fanden wir uns zusammen, es ging los. Alles, was wir besaßen, trugen wir wieder auf dem Leib.
Mit einem langen Treck waren wir drei Tage und Nächte unterwegs. Mir erschien diese Zeit endlos. Heiß war es, und zu trinken hatte kaum einer etwas. Wir gingen hier und da mal an eine Pumpe auf einem Bauernhof, aber oft war ein bissiger Hund sofort zur Stelle, der keinen heranließ. Die Bauern hatten schlechte Erfahrungen mit Flüchtlingen gemacht. Nirgendwo waren wir gern gesehen. Wir fühlten uns wie Landstreicher, und so sahen wir wohl auch aus.
Meine Füße brannten, denn das viele Laufen war ich nicht gewöhnt. Schmutzig und verschwitzt schleppten wir uns dahin. Vor uns zockelte ein Pferdewagen. Eine ganze Familie saß darauf mit ihrer gesamten bescheidenen Habe, und das arme Pferd litt auch unter großem Durst. Wie gern hätte ich auch einmal auf dem Wagen sitzen mögen, aber unsere Beine taten schon fast mechanisch ihre Schritte auf der staubigen Landstraße. Erleichtert war ich, als wir endlich auf einer großen Wiese Rast machten, um die Nacht dort zu verbringen.
Horst und ich schliefen auf meinem dicken Wintermantel. Die Nacht war warm und trocken. Nur gut, daß Horst bei mir war, denn als Mädchen allein hätte ich mich unter den vielen fremden Menschen recht verlassen gefühlt. Wir lagen alle dicht an dicht. Irgendwie hatte sich jeder ein Lager gemacht, um sich vor der Bodenfeuchtigkeit zu schützen. Ich hatte schreckliche Angst vor Mäusen und Fröschen. Irgendwo sprachen die ganze Nacht hindurch Leute miteinander. Einige schnarchten, Kinder weinten, und man hörte dann die besänftigende Stimme einer Mutter. Die Pferde schnauften, und über uns war ein herrlicher Sternenhimmel; es herrschte eine eigenartige Stimmung.
Neben mir lag eine alte Frau und redete die ganze Nacht mit sich selber. Sie sprach immer vom „Nach Hause kommen“ und von einem Mann, der Heinz hieß. Ich konnte deshalb nicht schlafen, obgleich ich todmüde war. Unsere Schuhe hatten wir ausgezogen, aber alle vier zusammengebunden, und Horst befestigte das Band zur Sicherheit an seinem Arm. Mit den Köpfen lagen wir auf unseren Rucksäcken. Die Familien mit den Gespannen hatten es

schwerer, denn sie mußten abwechselnd wachen, sonst hätten sie von ihren Sachen am nächsten Morgen wohl nicht mehr alles vorgefunden.
Am nächsten Morgen in aller Frühe ging es dann weiter – einen warmen, endlos langen Tag.
Die Familie mit dem Pferdewagen war uns inzwischen schon etwas vertrauter geworden. Sie hatten noch einen weiten Weg vor sich, denn sie wollten wieder zurück nach Pommern. Auch sie wußten nicht, was sie dort vorfinden würden, aber es war ihre Heimat. Horst und ich durften unsere Rucksäcke auf den Wagen legen, eine Erleichterung für uns, besonders in der Mittagshitze. Alle drei Stunden rasteten wir für einige Minuten, damit uns die Nachzügler wieder einholen konnten. Dann gingen die Männer links in den Wald und die Frauen rechts.
Es kam noch eine Nacht, die etwas ungemütlicher wurde, weil dicker Nebel aufstieg. Ich fror, es roch nach Wiese und Tieren, und eine feuchte Dunkelheit hüllte uns ein. Aber auch diese Nacht ging vorbei. Am nächsten Tag näherten wir uns Güstrow. In mir stieg die Spannung auf, die mit jedem Schritt wuchs. War meine Mutter da? Und mein Vater? Nichts wußte ich. Als wir die ersten Häuser erreichten, wurde ich sehr aufmerksam. In dieser kleinen Stadt hatten wir fast an jeder Ecke Freunde gehabt, und so sah ich mir sehr genau die Fenster der Häuser an, um vertraute Zeichen zu entdecken, daß sie noch dort lebten. Güstrow war verändert.
Die Russen hatten überall Holzzäune gezogen und ganze Straßenzüge damit abgesperrt. Also konnten viele nicht mehr dort sein. Wir näherten uns der Innenstadt, und ich wußte, nun war es nicht mehr weit bis zu unserem Haus. Der Treck bog gleich auf die nächste Straße nach Osten ab, wir aber wollten zunächst sehen, ob wir meine Mutter zu Hause vorfinden würden.

Ein Wiedersehen

Da streiften meine Blicke zufällig die Fenster der Wohnung von Fräulein Altmann, und ich traute meinen Augen nicht – am offenen Fenster stand die kleine Renate. Ich winkte hinauf, sie erkannte mich sofort und schrie nach hinten ins Zimmer: „Evi

kommt“, und dann sah ich meine Mutter wieder nach vier Monaten der Ungewißheit.
Wir fielen uns weinend in die Arme. Ich hatte mein Ziel erreicht. Ich war zu Hause, aber ganz anders als ich gedacht hatte. Überglücklich war ich, daß ich mich nicht von meinem Vorsatz hatte abbringen lassen, nach Güstrow zurückzukehren. Zu meiner großen Freude hatte man meinen Vater inzwischen aus der Gefangenschaft entlassen. Er meinte zu träumen, als er mich so unerwartet und gesund und munter vor sich sah. Wie war ich nur erleichtert – vereint mit der Familie würde alles auf irgendeine Weise weitergehen.
Nun hatten wir uns viel zu erzählen.
Ungläubig lauschte ich den Worten meiner Mutter, die versuchte, uns die bangen Stunden zu beschreiben, die sie und Tante Trudi nach unserem Fortgang durchlitten hatten. Mit großer Mühe, denn sie wurde immer wieder von den Erinnerungen an die gefährlichen Augenblicke, die durchwachten Nächte und endlosen Tage voll quälender Gedanken überwältigt, schilderte sie nun die Ereignisse.
Sie war mit Tante Trudi und Renate in dem Dorf geblieben und wurde von Verzweiflung gepackt, als sie erkannte, daß sie mich auf eine Fahrt in die Ungewißheit geschickt hatte. Jedoch zum Nachdenken kam sie nicht viel, denn kurz darauf erschienen schon die ersten Russen in dem Dorf. Sie und Tante Trudi schwärzten sich wie alle anderen Frauen die Gesichter, damit man nicht erkennen konnte, daß sie noch jung waren. Sie banden sich Kopftücher um, hinkten und stellten sich krank und schwach. So haben sie zwei Tage und Nächte mit mehreren Leidensgefährtinnen sitzend auf Stühlen in einem Raum verbracht, bis sich alles etwas beruhigte.
Todesängste haben sie ausgestanden, weil von Zeit zu Zeit Russen hereingekommen sind, meistens betrunken, um sich einige von ihnen herauszuholen. Sie sagten: „Komm, Frau“, und dann gab es kein Wehren. Nur vor kleinen Kindern hatten sie Respekt. So hat meistens die kleine Renate lang über beider Schoß gelegen, und das mag meine Mutter und Tante Trudi bewahrt haben.
Von all unseren Koffern und von unserem Auto haben sie nichts wiedergefunden. Den Wagen schleppten die Russen sofort ab,

und alles andere war aus den Verstecken verschwunden. So sind sie dann auch mit einem Treck die dreißig Kilometer nach Güstrow zurückgegangen, in der Hoffnung, das Haus wieder aufschließen zu können. Dort kamen sie aber nur bis an die Garagen, denn die Russen hatten alles besetzt. Sie hausten dort fürchterlich, und wer weiß, was wohl mit uns geschehen wäre, wenn wir nicht in letzter Minute den Entschluß gefaßt hätten, fortzugehen. Viele unserer Freunde hatte man verschleppt, oder sie haben sich in ihrer Verzweiflung das Leben genommen.

Meine Mutter stand also vor dem Nichts. Sie überlegte, zu Bekannten zu gehen, aber zu welchen? Würden die Freunde in dieser Situation noch Freunde sein? Jeder dachte nur an sich.

Fräulein Altmann fiel ihr ein, die früher bei uns aus und ein gegangen war. Sie hatte oft beteuert: „Zu mir könnt ihr jederzeit kommen, wir halten zusammen." Meine Mutter probierte es, und wirklich, es klappte fürs erste. Fräulein Altmann war in diesen unsicheren Zeiten zu ihrer alten Mutter nach Bützow gezogen und hatte dem Hauswirt den Wohnungsschlüssel gegeben. So fanden meine Mutter und Tante Trudi erst einmal eine Bleibe.

Einige Wochen danach stand plötzlich mein Vater in der Tür. Er war in englischer Gefangenschaft gewesen, aber man hatte ihn schnell entlassen. So schlug er sich durch, suchte zwei Tage in Güstrow herum und fand dann endlich meine Mutter. Das große Unglück war nur, und daran müssen meine Eltern fast zerbrochen sein, daß sie nicht einmal wußten, ob ich noch lebte. Von den Tieffliegerangriffen auf Trecks hatten sie irgendwie gehört, und daß die Russen so schnell erschienen waren, nachdem wir uns getrennt hatten, ließ meine Mutter fürchten, daß es mich erwischt haben mußte. Fast noch schlimmer war für sie der Gedanke an eine Verschleppung. Als ich nun plötzlich dastand, konnten meine Eltern nicht aufhören, vor Glück zu weinen.

Horst nahmen sie selbstverständlich mit auf, und dann beratschlagten wir, wie alles nun weitergehen sollte.

Wir schliefen alle notdürftig auf Sofas, zusammengeschobenen Sesseln und auf dem Fußboden verteilt in zwei Zimmern, denn für so viele Menschen war die kleine Wohnung eigentlich nicht geeignet. Hauptsache, wir hatten uns wieder.

Es blieb nur noch die Sorge um Onkel Willi. Er war, wie auch mein Vater, in englische Gefangenschaft geraten, aber Tante Trudi wußte es noch nicht. In seinem letzten Urlaub vor fast zwei Jahren, im Herbst 1943, konnte er ein paar glückliche Tage bei seiner Familie in Güstrow verleben. Bald danach kam keine Nachricht mehr von ihm. Seine kleine Tochter Renate hatte Mühe, sich nach dieser langen Zeit an ihren Vater zu erinnern.

Hunger und Armut

Wir waren wieder eine große Familie, und unser Problem, die Ernährung, erschien fast unlösbar. Es gab so gut wie nichts. Mein Vater, den fast jeder in Güstrow kannte, organisierte nun. Er ging zu einem Bauern vor der Stadt und half beim Einfahren der Ernte. Wir hatten einen warmen, goldenen Sommer, und das Korn war reif. Vom Bauernhof brachte er jeden Abend eine Kanne Milch heim. Diese Milch bedeutete für uns einen nahrhaften Zusatz zu den dürftigen Rationen, die man uns zuteilte.
Die Hälfte davon wurde mit Wasser verdünnt und daraus so viel Suppe gekocht, daß jeder von uns einen kleinen Teller voll bekam. Von der anderen Hälfte erhielt Renate jeden Tag eine Tasse voll unverdünnt, und der Rest wurde in eine Flasche gegossen. Einer von uns mußte dann diese Flasche etwa eine Stunde lang schütteln, bis sich ein Butterklümpchen absetzte. Die Buttermilch davon stand meinem Vater zu, da er ja die schwere Arbeit tat.
Außerdem schaffte er es, ab und zu einen kleinen Sack Kartoffeln von dem Bauern oder etwas Mehl nach Hause zu bringen; es waren ungeahnte Reichtümer für uns. Dann bekamen wir mittags jeder zwei oder drei schöne, heiße Kartoffeln, die wir als reinste Delikatesse empfanden.
Mein Vater sah aus wie der letzte Tagelöhner, denn er besaß keine ordentliche Hose und kein normales Hemd, von Schuhen ganz zu schweigen. Meine Mutter bemühte sich sehr, unsere Freunde von früher ausfindig zu machen, denn es gab eine ganze Menge Leute in der Stadt, die es nicht so sehr getroffen hatte, die das meiste wohlbehalten aus ihren Verstecken wieder herausholen konnten. Aber keiner wollte auch nur ein einziges Stück entbeh-

ren, nicht umsonst, und zum Tausch konnten wir nichts anbieten.
Mein Vater hatte keinerlei Ähnlichkeit mehr mit Hermann Göring, wie gut, denn von dem wollte sowieso keiner mehr etwas wissen. Plötzlich waren alle „dagegen“ gewesen.
Es bekannten sich nur noch wenige zu dem, was sie in den vergangenen Jahren für das Richtige gehalten hatten. Nun, nachdem die Alliierten den Sieg davongetragen hatten, änderten die meisten ihren Sinn. Hinzu kam, daß die Niederlage sie zu erdrücken schien. Der Glaube der deutschen Bevölkerung an die Vollkommenheit des Nationalsozialismus war schwer erschüttert. Große Enttäuschung erfaßte jeden.
Stumm und hilflos hatte der größte Teil der Deutschen schwere Opfer gebracht. Unzählige Gräber, Trümmer und zerstörtes Land, Verzweiflung und große Trauer blieben zurück. Es schien alles umsonst gewesen zu sein.
Zwei Wochen, bevor der Krieg zu Ende ging, hatte meine Mutter auf Anraten von Freunden einen großen Koffer mit wertvoller Wäsche und Kleidung vollgepackt. Vor dem Aufbruch beratschlagten alle, was zu tun sei und wie man wohl am besten einen kleinen Vorrat retten könnte – „im Falle eines Falles“, sagten sie. Daß man nicht mehr an den Endsieg glaubte, durfte man auf keinen Fall durchblicken lassen. Aber es bestand durchaus die Möglichkeit, daß auch in unserer Stadt noch Bomben fielen, und dann wäre es gut, wenn man noch einen bei Freunden abgestellten Koffer wiederfinden würde.
Dadurch gelangte also auch von uns ein Koffer zu einer befreundeten Familie Hinkeldei in der Rostocker Straße. Nachdem nun alles längst vorüber war, erinnerte meine Mutter sich plötzlich an den Koffer. Das wäre ja ein Reichtum sondergleichen, dachte sie, ging sogleich dorthin, und mit einer kleinen Hoffnung im Herzen, daß Hinkeldeis nicht geflüchtet wären.
Sie erinnerte sich an die Zeit im Krieg.
Frau Hinkeldei war immer sehr „pük“ mit allem, wie meine Mutter sich auszudrücken pflegte, und Herr Hinkeldei, damals schon pensionierter Finanzbeamter, konnte sich nicht selber rasieren. Er ging jeden Morgen pünktlich um acht Uhr zum „Babutsch“, und dabei brachte er gleich zwei frische Semmeln

zum Frühstück mit. Sie waren so richtige betuliche Leute und lagen oft einträchtig nebeneinander mit einem Kissen in der Fensterbank, um die Menschen auf der Straße zu beobachten. Wenn wir Hinkeldeis früher besuchten, sagten sie immer zu mir: „Nu hör' man auf zu wachsen, mein Lütting, sonst kriegst du später gar keinen Mann ab."

Ich mußte immer auf dem Sofa sitzen, aber Frau Hinkeldei nahm vorher noch schnell das Seidenkissen weg und legte es auf die obere Kante. Es sah bei ihnen alles sehr unbenutzt aus. Nun war meine Mutter auf dem Weg zu ihnen.

In der Straße hatte sich nicht viel verändert. Meine Mutter ging in das Haus hinein und klingelte. Als Frau Hinkeldei öffnete und sie meine Mutter erkannte, war sie etwas verlegen. „Ich denk', Sie sind geflüchtet", meinte sie.

Meine Mutter erklärte ihr die Zusammenhänge und wurde zögernd hineingebeten. Als dann die Rede auf den Koffer kam, wußte meine Mutter sofort, woran sie war.

„Denken Sie mal an", sagte Frau Hinkeldei, „ausgerechnet Ihren Koffer haben die Russen mitgenommen. Er stand ja hier im Flur, nich?" „Und sonst haben Ihnen die Russen nichts weggenommen?" fragte meine Mutter. „Nein, – Ihr Koffer stand gerade da, und damit sind sie los."

Herr Hinkeldei bekam während des Gesprächs einen roten Kopf und machte sich verlegen an der Flurgarderobe zu schaffen.

„Bei Ihnen ist wohl alles kaputtgeschlagen, haben wir gehört – so ist das, wenn man flüchtet, nich?" konnte sich Frau Hinkeldei nicht verkneifen zu sagen.

Meine Mutter war über diese Freunde tief enttäuscht. Ganz andere Gesichter hatten sie gehabt als früher. Etwas Fremdes stand plötzlich zwischen ihr und den Hinkeldeis. Der Koffer! Wenn es wirklich so gewesen war, hätte meine Mutter diesem Koffer auch nicht mehr nachgetrauert. Andere Dinge waren wichtiger geworden. Das Verbundensein, die Hilfsbereitschaft, das Mitfühlen. Hier brachte man ihr aber nur Mißgunst und Egoismus entgegen, sogar ein wenig Schadenfreude, daß man selber besser davongekommen war. Eine kleine Hoffnung hatte sich wieder einmal zerschlagen. Müde ging meine Mutter den Weg mit leeren Händen zurück, den sie sich so anders vorgestellt

hatte, und sie konnte das Gefühl nicht loswerden, daß sie ihrem Koffer sehr nahe gewesen war.
So fühlten wir uns ganz arm, und wenn ich das auch damals alles noch nicht in seiner ganzen Tragik erfaßte, meinen Eltern muß das Herz geblutet haben. Alles hatten sie gehabt. Durch ehrliche Arbeit und Fleiß bauten sie sich einen gutgehenden Betrieb und ein behagliches Heim auf. Viele Wünsche konnten sie sich erfüllen, und nun war alles völlig anders. Ganz klein müssen sie sich vorgekommen sein, geduldet in einer fremden Wohnung, nicht einmal das Nötigste zum Leben und noch gedemütigt.
Unsere Verwandten, die uns mit den notwendigsten Dingen versorgt hätten, lebten alle auf dem Lande, aber dorthin gab es leider keine Verbindung. Allein auf der Landstraße zu gehen, wäre zu gefährlich gewesen, denn die russischen Soldaten erlaubten sich immer noch allerlei, und Busse oder Züge lagen still. So verging der Sommer 1945. Wir hatten keinen Blick für die herrliche Natur, unsere Empfindungen waren abgestumpft, wir hatten Sorgen.
Der Winter würde kommen und damit das nächste Problem. Es gab keine Kohlen und kein Holz. Deshalb zog mein Vater schon im Herbst in den Wald und fällte Bäume für uns. Damit brachte er sich in große Gefahr, denn es war verboten. Bei Nacht und Nebel schleppte er das Brennmaterial heimlich heran, und morgens in der Frühe ging er wieder zu seinem Bauern, um die Milch und die Kartoffeln für uns zu verdienen.

Sticken für eine Russin

Ich traf inzwischen meine alte Klavierlehrerin, Fräulein Derz, wieder, und da ich kein Klavier mehr besaß, bot sie mir an, doch bei ihr etwas zu üben.
Im selben Haus befand sich das Handarbeitsgeschäft ihrer Schwester, welches nun geschlossen war. Diese Schwester hatte aber eine Menge Wolle und anderes Handarbeitsmaterial gerettet, aber sie brauchte jemanden, der damit etwas anfangen konnte und nicht ausplauderte, welche Schätze ihr Laden noch barg.
Ich konnte stricken, sticken und häkeln. Ganz schnell einigten wir uns. Sie machte nämlich Geschäfte mit den Russen, wie ich

bald feststellte. Die Bestellungen nahm sie auf, ich führte die Arbeit aus, und die Russen bezahlten mit „Produkten", wie sie sagten. So kam es, daß ich für eine russische Fußballmannschaft elf Paar Wadenstutzen gestrickt habe und dafür mit Konserven bezahlt wurde. Das half uns sehr.
Einige russische Offiziere ließen ihre Familien nachkommen und bewohnten nun die schönsten Häuser unserer Stadt. Deren Besitzer, soweit sie nicht geflüchtet waren, durften meistens im Keller oder auf dem Dachboden bleiben, mußten aber für die russischen Familien alle anfallenden Arbeiten im Hause verrichten.
Eines Tages stand eine bildschöne Russin mit zwei ebenso hübschen Kindern im Laden, ein Paket mit traumhafter Seide in der Hand. Sie breitete diesen herrlich fließenden Stoff vor uns aus, und wir verstanden sie so, daß sie ihn gerne mit großen Blüten bestickt haben wollte. Wir ließen die Kostbarkeit immer wieder durch unsere Hände gleiten und begriffen, daß es ein Vorhang werden sollte. Die Verständigung machte uns Schwierigkeiten, aber ihre Bewegungen deuteten an, daß wir große Blumen daraufsticken sollten.
Wenn ich mir die vielen ausgespuckten Kerne auf den Straßen vorstellte, auf die wir täglich traten, konnte es sich nur um Sonnenblumen handeln, die sie meinte. Wir gingen an die Arbeit. Erst einmal mußte ich die Blüten entwerfen. Ich hatte so etwas noch nie gemacht. Mit viel Phantasie und etwas Geschick jedoch gelang es besser als wir gedacht hatten. Die Derz-Schwester freute sich. Nun noch alles so anordnen, daß Stiele, Blätter und Blüten gut zueinander standen, und die richtige Größe herausbringen. Als ich die Einzelheiten auf den Stoff aufgetragen hatte, kam die Schwierigkeit. Wir fanden kein gelbes Stickgarn. So wurden es eben rote Sonnenblumen. Begeistert waren wir, wie schön die Farbe auf der braunen glänzenden Seide wirkte.
Fünf Wochen habe ich daran gestickt – Tag für Tag, Stich für Stich – und mein Lohn waren: ein Glas Marmelade, ein Pfund Zucker, zwei Dosen Fisch und ein freundlicher Blick von der bezaubernden Russin.
Irgendwie ging es immer weiter, nur war kein Ende dieses ungewissen Daseins abzusehen.

Vater wird abgeholt

Horst saß ziemlich unglücklich bei uns herum. Daß ich einige Monate unter seinem männlichen Schutz leben konnte, dankten meine Eltern ihm sehr, jedoch sahen sie, daß wir beide eigentlich nicht recht zusammenpaßten. Aber in jenen Tagen war so etwas unwichtig. Jeder stand für den anderen ein, und an die Zukunft wagte keiner zu denken. Die Tage schlichen dahin, sehr hoffnungslos, und dann geschah etwas, das ich nie in meinem Leben vergessen kann.

Mein Vater kehrte müde von der Feldarbeit mit seiner Milchkanne zurück. Plötzlich ein Gepolter auf der Treppe. Die Tür wurde aufgerissen, es standen mehrere Russen da.
Alle sahen uns an, und ein Offizier ging auf meinen Vater zu. „Du Nazi!" Er erstarrte – „Mitkommen!" – Er zog seine staubigen Schuhe an und ließ dabei unauffällig seine Taschenuhr in die Sesselritze gleiten, denn Uhren waren immer das erste, was die Russen einem abnahmen.
„Uri, Uri", das war für sie das Höchste.
Zwei Soldaten packten meinen Vater, stießen ihn grob die Treppe hinunter, wobei er sich Gott sei Dank passiv verhielt. Sie schoben ihn auf ein Lastauto, und ab ging die Fahrt.
Mitten auf der Straße bin ich bis vor die Tore unserer Stadt hinterhergelaufen, um zu sehen, wohin sie ihn bringen würden, doch sie fuhren immer schneller, so daß mich meine Kräfte verließen. Ich setzte mich an den Straßenrand und weinte.
Mein Vater – er hatte für uns alle gesorgt. Würden wir ihn je wiedersehen? Fassungslos ging ich nach Hause, und wir waren alle verzweifelt.
Was würde mit ihm geschehen, fragten wir uns immer wieder. Gerüchte gingen um, daß Menschen auf diese Weise für immer verschwanden. Mit Tränen war unser Schmerz nicht zu lindern, und die Hilflosigkeit war es, die uns fast betäubte.
Wie viele Tage vergingen, weiß ich nicht mehr, und wie sie vergingen, auch nicht – wir waren zu abgestumpft.
Plötzlich, eines Abends, stand mein Vater wieder in der Tür. Frierend, abgemagert und völlig verschmutzt lehnte er mit letzter

Kraft im Türrahmen. Meine Mutter stürzte ihm entgegen, und wir meinten zu träumen.
Er hatte tagelang nichts zu essen und zu trinken bekommen, wurde in einen Schuppen gesperrt und stundenlang verhört. Er sollte etwas aussagen über bestimmte Leute, die angeblich Juden denunziert hätten. Mein Vater wußte nichts über derartige Dinge, und nachdem er standhaft geblieben war, wurde er freigelassen. Zwar überglücklich, ihn wiederzuhaben, lebten wir jedoch von da an in ständiger Angst.

Tante Trudi geht nach Kiel

Tante Trudi wartete auf Onkel Willi. Seit kurz vor dem Ende des Krieges war ihre Verbindung mit ihm abgerissen, und sie hoffte auf das Wunder, daß er eines Tages heimkommen würde. Statt dessen aber erhielt sie endlich auf Umwegen die Nachricht, daß er in amerikanische Gefangenschaft geraten war. Um ihm eine Rückkehr in die russische Zone zu ersparen, faßte sie den Plan, sich mit der Tochter in den Westen nach Kiel durchzuschlagen, wo Onkel Willis Vater lebte. Einmal wöchentlich fuhren Güterzüge in den Westen, und auf deren vielfach offenen Waggons saßen immer Menschen und fuhren mit. Keiner scherte sich darum, niemand war zuständig, und ob diese Menschen heil ankamen oder nicht, kümmerte auch keinen. So stieg eines Tages Tante Trudi mit der kleinen Renate auf einen solchen Güterzug auf.
Es muß eine grausame Fahrt gewesen sein, denn die Funken aus der Lokomotive, die damals noch mit Braunkohle beheizt wurde, waren fast unerträglich. Aber nach einer langen Fahrt durch die Nacht landeten sie wohlbehalten in Lübeck. So waren sie nun im Westen, und jetzt ging es nach Kiel.
Tante Trudi hoffte, hier eine neue Heimat zu finden. Aber Onkel Willis Vater war inzwischen gestorben, und andere Verwandte waren ausgebombt. Nun stand sie mit Renate auf der Straße und wußte nicht wohin. Einige Tage konnte sie notdürftig bei dem Bruder ihres Mannes unterkriechen, aber dann ergab sich eine andere Lösung. Tante Trudi übernahm die Pflege eines alten, schwerkranken Herrn und durfte dort mit dem Kind in einem

kleinen Zimmer wohnen. Sie fühlten sich sehr einsam. Daß Onkel Willi sie zuerst in Kiel suchen würde, blieb ihre einzige Hoffnung.

Streit mit Horst

Allmählich normalisierte sich das Leben etwas. Schulen begannen wieder. Es fuhren auch ab und zu Züge von einer Stadt in die andere, aber nur unregelmäßig. Mehr Menschen wagten sich auf die Straßen, auch die Russen gebärdeten sich nicht mehr ganz so wild und zügellos. Als Horst hörte, daß in Rostock ein Kursus zur Lehrerbildung eingerichtet werden sollte, meldete er sich sofort und wurde auch angenommen. Ich war darüber nicht unglücklich, denn er fand dort auch eine Unterkunft und kam nur noch an den Wochenenden, um uns zu besuchen.

Seine Art fing an, mir auf die Nerven zu gehen. Er bevormundete mich dauernd. Er mochte es nicht haben, daß meine Mutter versuchte, mir aus dem letzten Flicken etwas zu nähen, damit ich hübscher aussah. Ich pflegte meine langen Haare, so gut es ging, und wenn ich sie über Papierröllchen aufgedreht hatte und sie danach seidig und wellig herabfielen, fand er es affig. Am liebsten sollte ich einen Knoten tragen. Ob es Eifersucht war, oder ob er es wirklich nicht leiden mochte, habe ich nie zu ergründen versucht. Ich machte mich gern etwas schön, wir hatten ja ohnehin kaum Möglichkeiten dazu.

So kam es, daß er oft am Sonntag abreiste, nachdem wir uns heftig über Kleinigkeiten gestritten hatten.

Das Haarewaschen war überhaupt ein Kapitel für sich. Es gab kaum Seife. Irgendwann wurde einmal ein Stück zugeteilt. Dieses hatte nicht die geringste Ähnlichkeit mit richtiger Seife; es roch penetrant, war hart, sah grünlich aus und schäumte nicht ein bißchen. Als ich merkte, daß meine Haare davon klebrig wurden, versuchte ich es mit Waschpulver. Das aber war mehr Sand als Seife und sehr scharf, so daß meine Haare immer heller und stumpfer wurden. Am besten eignete sich Regenwasser und nichts weiter.

Eines Tages entdeckten wir, daß es winzige, schwarze Tierchen gab, die einem am Bein oder sonstwo entlangkrabbelten. Plötz-

lich piekte es, und wenn man nachsah, fand man einen kleinen roten Punkt: Flöhe – auch das noch.
Jeden Abend und jeden Morgen gingen wir auf Jagd, aber die Biester waren schwer zu fangen, und Mittel dagegen gab es auch nicht. Man mochte das keinem erzählen, aber doch hörten wir, daß fast jede Familie Flöhe hatte. Von den Russen eingeschleppt, verbreiteten sie sich in Windeseile, so daß keiner verschont blieb. Wenigstens waren es keine Läuse. Ich wusch wieder meine Haare mit dem scharfen Pulver, und wir hüteten uns alle, den Russen irgendwie nahe zu kommen.

Inzwischen war ein armseliges Weihnachtsfest 1945 vorübergegangen. Mein Vater schlug uns im Wald eine kleine grüne Tanne, aber woher sollten wir wohl Kerzen haben? An so etwas war gar nicht zu denken. Wir knabberten an unseren Pellkartoffeln, freuten uns, daß wir die wenigstens essen konnten, und dachten wehmütig an die schönen Weihnachten vor dem Krieg mit Braten, Äpfeln, Nüssen und Geschenken.
Wir konnten uns nicht vorstellen, dieses Fest jemals wieder in der schönen Art mit seiner Vorfreude, dem Zauber und Glanz zu erleben.
Allmählich kehrten alte Freunde von mir aus der Gefangenschaft zurück oder wurden als Verwundete schneller entlassen. Durch einen von ihnen, der nun im Rathaus für die Russen tätig war, hörte ich dann, daß man eine Großaktion für den Arbeitseinsatz in der Ukraine und Sibirien starten wolle. Auch Frauen sollten für diesen Transport dabeisein. Eines Tages sagte dieser Freund zu mir: „Ich rate dir, hau ab, wenn du kannst, denn du warst Führerin beim BDM, und danach werden die Frauen ausgesucht."

Erneute Flucht

Ich weiß nicht, wie wohl alles gekommen wäre, wenn er mich nicht gewarnt hätte! Wo würde ich heute wohl sein?
Aufgeregt bin ich nach Hause gelaufen. Mein Herz klopfte bis zum Halse, denn das Erlebnis mit meinem Vater saß mir noch in den Gliedern. Sofort packte ich meinen Rucksack.

Wieder habe ich alles übereinander angezogen, nur war es angenehmer mit den vielen Kleidern, denn wir hatten Ende Januar 1946, und es war bitterkalt.
Die Güterzüge in den Westen fuhren immer noch, und daran hingen nun auch einige geschlossene Waggons. Tante Trudi hatte es doch auch geschafft und war in Kiel. Diese Stadt nahm ich mir zum Ziel.
Am selben Abend verabschiedete ich mich von meinen Eltern. Ich würde mich zu Tante Trudi durchschlagen, und wenn ich angekommen war, könnte ich vielleich meine Eltern auch nachholen. Hier war kein menschenwürdiges Leben für uns mehr möglich.
Mein Vater sollte sich nicht den Rest seiner Tage für andere Leute oder die Russen abschinden. Unser Haus würden wir niemals zurückerhalten, und eine Fortsetzung der Zeit, die der Krieg beendet hatte, konnte es hier niemals geben, das wurde mir schlagartig klar.
Meine Eltern waren auch zuversichtlich, und beim Abschied lag so etwas wie Hoffnung in der Luft.
Nun begann eine neue Flucht, denn offiziell war die Sache nicht. Wer im Zug entdeckt wurde, landete bei der russischen Polizei. Das wollte ich aber auf gar keinen Fall, es wäre mit Sicherheit ein Grund für meinen Abtransport nach Sibirien gewesen.
Ich stieg im Dunkeln in einen Waggon, tastete mich vorsichtig hindurch und fand einen kleinen Platz hinter einigen Kornsäkken. Es wurde eine lange Geduldsprobe. Fast vier Stunden hockte ich dort in meiner eiskalten Ecke, ehe sich der Zug in Bewegung setzte. Als er loszockelte, fühlte ich mich schon besser. Ich konnte mich etwas bewegen, um es bequemer zu haben, da hörte ich hinter den anderen Säcken ein Geräusch. Mein Herz blieb fast stehen, bis ich eine flüsternde Stimme vernahm: „Willst du auch in den Westen?"
Es war eine Krankenschwester, die den gleichen Weg gewählt hatte wie ich. Wie erlöst und erleichtert fühlte ich mich, weil ich nun nicht mehr allein in dem Versteck hocken mußte. Sie kroch zu mir, und wir bauten uns eine Art Lager. Wir waren entschlossen, uns nicht zu trennen, bis wir heil „drüben" sein würden. So verbrachten Ulrike und ich viele Stunden in völliger

Dunkelheit. Keine wußte, wie die andere aussah, aber wir wollten beide dasselbe Ziel erreichen.
Mal fuhr der Zug, mal hielt er an, wir hörten Stimmen. Ständig fürchteten wir, entdeckt zu werden. Anscheinend befanden sich im Nebenwaggon einige Schweine, denn wir hörten merkwürdige Laute, ein Grunzen und Quieken, und immer, wenn sich die Türen öffneten, befaßten sich die Männer hauptsächlich mit dem Wagen nebenan. Vielleicht war es unser Glück, aber noch hatten wir die Grenze anscheinend nicht erreicht.
Wie mochten wohl die Kontrollen vor sich gehen, würden sie jeden Waggon durchkämmen und etwa die Säcke zählen? Dann sind wir verloren, dachten wir. Bald mußte es soweit sein. Wir fuhren schon die ganze Nacht, und so groß war doch die Entfernung gar nicht von Güstrow nach Lübeck, aber bei diesem Schneckentempo? Wir froren erbärmlich. Ob der Zug auch wirklich nach Lübeck fuhr? Fragen über Fragen. Wir beschlossen, uns auf jeden Fall noch besser zu verstecken.
Mit vereinten Kräften türmten wir weitere Säcke auf, so daß wir voll unter einigen verschwinden konnten.
Es war sechs Uhr früh, als der Zug wieder anhielt, und es um uns herum sehr lebendig wurde. Wir hörten russische Laute, auch unser Waggon wurde geöffnet. Licht von Taschenlampen strich über die Ladung hinweg, wir hielten den Atem an. Scheinbar zählten sie doch die Säcke – ganz nahe kamen sie heran, lieber Himmel, wenn wir uns doch unsichtbar machen könnten! Der Lichtkegel glitt über uns hinweg, wanderte zur anderen Seite, kam nochmal zurück und verschwand langsam. Dann wurde die Tür wieder zugeschoben. Wir schwitzten vor Aufregung. Aufzuatmen wagten wir noch nicht, denn nebenan im Wagen spielte sich offenbar etwas ab. Anscheinend handelte man um ein Schwein. Stimmen, Geklatsche, Gequieke und dann lautes Schweinegeschrei – unverkennbar. Sicherlich holte man ein Tier heraus, aber dann ebbte der Lärm allmählich ab. Nach einigen Minuten setzte sich der Zug wieder in Bewegung. Waren wir „drüben"? Gewißheit bekamen wir erst, als wir beim nächsten Halten Stimmen hörten, die sagten: „He, he, Öckerswien, künnt ji nu all russisch? Öwer dat Ök, Ök, dat künnt wie hier ok verstahn." Nun gab es wohl keinen Zweifel mehr, wir hatten den

Westen erreicht und befanden uns auf dem Güterbahnhof von Lübeck. Das war mal wieder gutgegangen!
Als wir unser Versteck langsam verlassen wollten, stellten wir fest, daß die Waggontür nur von außen geöffnet werden konnte. Noch saßen wir gefangen. Aber nebenan grunzten die Schweine, und das tröstete uns. Irgendwann mußten die Männer wiederkommen, denn die Tiere konnte man ja auch nicht ewig warten lassen.

Neue Heimat

Es dauerte noch etwa zwei Stunden, bis man uns entdeckte. Nun beratschlagten wir, wie es weitergehen sollte.

Ulrike wollte weiter nach Hamburg – ich nach Kiel. Schnell verließen wir den Bahnhof. Das erste, was wir sahen, war ein Bäckerladen mit herrlichem Weißbrot und richtigen Brötchen. Wir staunten, denn das hatten wir schon in den letzten Kriegsjahren, geschweige denn in der Ostzone, nicht mehr gesehen. Uns lief das Wasser im Munde zusammen, aber nun begann die Tragik:

Ohne Marken gab es im Westen auch nichts. Marken aber bekam man nur, wenn man hier gemeldet war. Also „melden“ mußten wir uns. Vor diesem Wort hatte ich großen Respekt. Weil damit meistens die Notwendigkeit, etwas Ungewolltes tun zu müssen, verbunden war. Jedoch mußte ich einsehen, daß ich, ohne diese Vorschriften auszuführen, nichts erreichen konnte. Im Osten wollte ich um keinen Preis weiterleben, ich mußte es hier schaffen, also erst mal zu Tante Trudi nach Kiel.

Das war nun auch wieder nicht so einfach, wie ich mir das dachte. Zunächst brauchte ich gültige Papiere, damit ich überhaupt zu einer Dienststelle gehen und dort um Arbeit, Lebensmittelmarken und Zuzugsgenehmigung bitten konnte. Diese Papiere aber bekam man nur, wenn man durch ein offizielles Flüchtlingslager hindurchgeschleust worden war.

Im Flüchtlingslager

In Lübeck gab es so etwas. Also Rucksack geschultert, wehmütig auf die weißen Brötchen geschaut und etwa zehn Kilometer zu Fuß gelaufen. Glücklich und voller Zuversicht erreichten Ulrike und ich das Lager. Wir sahen uns schon im Geiste in einigen Stunden am Ziel. Von wegen in einigen Stunden. Vor uns lagen abgerundete Wellblechbaracken, Nissenhütten genannt, grau und trostlos, davor stand eine unendliche Menschentraube. Das alles ähnelte einem Straflager. Wir zögerten, und es widerstrebte uns sehr, hineinzugehen. Wir waren doch in die Freiheit gefahren! Dieses hier sah anders aus.

Mit dem Posten, der den Eingang bewachte, versuchten wir ins Gespräch zu kommen, aber er hatte kein Verständnis für uns und winkte nur ab. Also – ohne Papiere konnten wir nichts erreichen. Wir mußten, ob wir wollten oder nicht, hinein in den Massenbetrieb. Inzwischen war es Mittag, und wir reihten uns ein.

Nach einer halben Stunde waren wir etwa einen Meter weitergekommen. Wir konnten uns ausrechnen, wann wir dran sein würden, auf keinen Fall vor dem nächsten Tag.

Geduldig wie die Kühe standen wir, dazu hungrig, übernächtigt, aber wir waren jung und hatten nur uns selber. Mit uns in der Schlange standen alte Menschen, ganze Familien mit kleinen Kindern und viele, denen es nicht so leicht fiel wie uns.

Endlich gab es vom Roten Kreuz warme Suppe aus Blechschüsseln; sie schmeckte uns toll, so richtig mit Fleisch und Wurst drin, das hatten wir lange nicht mehr gegessen, und die Blechschüssel störte uns in dem Augenblick überhaupt nicht.

Mit dem Sattsein stieg auch unsere Laune. Wir bemerkten junge ehemalige Soldaten, die anscheinend als Gefangene mit der ganzen Organisation des Lagers beschäftigt wurden. Sie zählten uns, teilten uns ein, und wir bekamen von ihnen unser Nachtquartier zugewiesen in einer dieser scheußlichen Nissenhütten.

Wir erhielten die Nummern 625 und 626.

Der Soldat wies uns ein Strohlager zu und sagte dann augenzwinkernd, wenn wir zwei es besser haben wollten, sie hätten eine warme Baracke mit richtigen Betten, dort könnten sie uns leicht unterbringen. Wie das gehen sollte, dachten wir uns. Nein, wir

waren uns einig, daß es für uns überhaupt nicht in Frage kam. Diese Nacht würden wir auch so überstehen, und morgen würden wohl hoffentlich unsere Nummern dran sein.
Es gab noch mal Verpflegung, sogar weißes Brot, eine Köstlichkeit; danach krochen alle auf ihr Strohlager.
Wir waren todmüde, konnten aber nicht wagen, auch nur ein Auge zuzutun. Mit etwa hundert Menschen lagen wir in dem Raum. Es gab kein Licht, und das nutzten einige Männer aus, um zudringlich zu den Frauen, die allein lagen, zu werden. Ich habe nicht gewußt, daß Menschen sich wie Tiere benehmen können.
Es gab niemanden, der für Ordnung sorgte, und wir beiden Mädchen klammerten uns aneinander. Als auch das nicht mehr half und wir handgreiflich belästigt wurden, sind wir mit unseren Rucksäcken in die kalte Nacht hinausgegangen.
Inzwischen hatte ein anderer Posten Wache, ein etwa dreißigjähriger waschechter Sachse. Er kannte das Treiben, und wir durften uns in seinem Wachhäuschen auf die Bank setzen. Überglücklich versuchten wir etwas im Sitzen zu schlafen, aber es war zu kalt, und die Zeit schlich dahin. Als der gute Mann um sechs Uhr früh abgelöst wurde, nahm er uns mit in seinen Mannschaftsraum, was natürlich nicht gestattet war. Zum Umfallen müde fielen Ulrike und ich auf ein unbenutztes Bett.
Nachdem wir noch zwei Stunden Ruhe fanden, beugte sich der Soldat mit lachendem Gesicht über uns und meinte, wenn wir die ersten sein wollten bei der Entlausung, dann müßten wir sofort aufstehen. Wie bitte? Entlausung? Jawohl, ohne die unwürdige Prozedur gab es keine Papiere. Was blieb uns übrig?
Unsere Nummern spielten keine Rolle mehr, die guten Kameraden halfen uns durch die Hintertür. Draußen hatte sich schon wieder die lange Schlange gebildet, wir aber waren drin und kamen sofort dran.
Unter Entlausung konnten wir uns überhaupt nichts vorstellen. Wir waren nur hellwach und entschlossen, beieinander zu bleiben, falls etwas kritisch werden sollte, aber es löste sich alles in Wohlgefallen auf.
Die Entlausung ging so vor sich, daß zwei Männer vom Roten Kreuz mit ganz langen waffenähnlichen Instrumenten dastanden. Diese „Pistolen“ schoben sie uns in den Halsausschnitt und

schossen uns ein ekelhaftes Pulver unter die Kleider – dasselbe nochmal in jedes Bein vom Höschen. Es war eine derbe Prozedur, und man kam sich ziemlich erniedrigt vor. Im nächsten Raum saß dann unser nächtlicher Beschützer. Er grinste und sagte, daß er uns letzteres leider nicht habe ersparen können, aber gleich wären wir freie Westbürger. Nach einigen Fragen, Ausweise vorzeigen, Eintragungen machen, unterschreiben und stempeln bekamen wir das berühmte Papier, etwas Geld, ein freundliches „Viel Glück" – und waren endlich frei.
Strahlend machten wir beide uns nun wieder auf den Weg zum Bahnhof, dort trennten sich unsere Wege für immer. Leider habe ich das Mädchen Ulrike nie wiedergesehen, obgleich uns doch so vieles verbunden hat. Allein wäre die Flucht für jeden von uns sehr viel schwerer und gefahrvoller gewesen.

Richtung Kiel

So saß ich denn nun wirklich im Zug und fuhr voller Freude und Spannung, Tante Trudi und Renate wiederzusehen, in Richtung Kiel. Wenn mir in dem Augenblick jemand gesagt hätte, daß dieses Ziel meine neue Heimat werden sollte, in der ich mein Glück finden und eine eigene Familie gründen würde, hätte ich ihm niemals geglaubt.
Zunächst aber enttäuschte mich die Stadt. Ich stieg aus dem Zug und sah eine unendliche Trümmerwüste. Zwar hatten wir in Rostock auch Bombenschäden gehabt, aber so etwas wie hier hatte ich noch nicht gesehen. Es wehte ein scharfer Wind, und durch die vielen zerstörten Gebäude war alles in Staub gehüllt.
Tante Trudis Adresse hatte ich, aber ich mußte mich durchfragen. Leider geriet ich an sehr unfreundliche Menschen. Wie konnte man aber auch in einer solchen Stadt freundlich sein? Leute mit Rucksack sah man sowieso nicht gern, die wollten nur etwas. Mit knappen Worten erfuhr ich, daß ich etwa einen Weg von vierzig Minuten durch völlig zerstörte Straßen laufen mußte. Einen festgetretenen Steinpfad nach dem anderen überquerte ich, vorbei an Kellerlöchern, in denen Menschen notdürftig hausten, über eingestürzte Mauern, bis ich in eine Gegend kam, in der noch einige Häuser standen. Sie waren meistens auch beschädigt,

zum Teil ohne Dach, mit zusammengeflickten Fensterscheiben, aber sie sahen noch einigermaßen bewohnbar aus. Schließlich fand ich das Haus, in dem Tante Trudi wohnen sollte, es schien noch ziemlich heil. Ich stapfte hinauf bis in den dritten Stock. An der Tür stand „Boldte", aber ganz klein daneben in Handschrift ihr Name. Erleichtert holte ich Luft, mein Gott, wie war ich glücklich. Ich klingelte, es raschelte, und dann landete ich in zwei runden, weichen Armen – Tante Trudi konnte es nicht fassen, daß ich es war.

Die damals siebenjährige Renate lag in einem kleinen, wackeligen Kinderbett in dem einzigen Zimmer von etwa zwölf Quadratmetern, das Tante Trudi bewohnte. An der Wand stand noch ein altes Bett, davor zwei Stühle, und eine ausrangierte Apfelsinenkiste diente als Tisch. Das war alles, was sie besaßen.

Die Wohnung bestand aus zwei Zimmern, die dem alten kranken Herrn gehörten, der an einer Schüttellähmung litt und die Nahrung nur durch ein Bambusrohr zu sich nehmen konnte. So etwas wie Strohhalme gab es nicht, und der tägliche Steckrübenbrei wäre auch nicht hindurchgegangen. Dieser bedauernswerte Mann bewohnte das andere Zimmer, und Tante Trudi versorgte ihn.

Als erstes machte Tante Trudi heißes Wasser, damit ich mir dieses scheußliche Läusepulver vom Körper abwaschen konnte. Wir mußten beide schrecklich lachen, denn sie hatte dasselbe erlebt. Nun, wo alles hinter uns lag, konnten wir uns sogar darüber amüsieren.

Überfroh, endlich hier sein zu können, fühlte ich mich geborgen bei Tante Trudi. Wir mußten zusammen in einem Bett schlafen, anders ging es nicht, und am nächsten Tag erlaubte mir der alte Herr, daß ich fürs erste dableiben durfte.

Nun kamen aber schon wieder neue Schwierigkeiten.

Auf der Suche nach Arbeit und Wohnung

Kiel war zum größten Teil zerstört, so daß die heimische Bevölkerung nur notdürftige Behausungen hatte, und viele Menschen lebten auf engstem Raum zusammen. Es gab nicht eine einzige Familie in der Stadt, die eine Wohnung allein bewohnte,

alle hatten Einquartierungen. Deshalb wurde es jedem Fremden, der ständig in Kiel bleiben wollte, sehr schwer gemacht.
Zunächst stand ich vor dem Problem mit der Zuzugsgenehmigung, damit ich Lebensmittelmarken erhielt, denn ohne Marken gab es auch hier im Westen nichts, kein Stück Brot und keine einzige Kartoffel. Diese Genehmigung aber bekam ich nur, wenn ich nachweisen konnte, daß ich eine Arbeit hatte. Aussicht auf eine Stellung aber hatte ich nur, wenn ich in Kiel wohnte – welch ein Teufelskreis! Wo sollte ich anfangen? Irgendwie mußte ich etwas beginnen, denn Geld besaß ich nun auch nicht mehr viel. Tante Trudi konnte mich nicht ständig durchfuttern, da sie nur eine kleine Rente bezog, solange Onkel Willi in Gefangenschaft war.
Ich fing an, das Feld zu erkunden. Erstmal zum Arbeitsamt. Frage: „Woher, wohin? Was, ganz allein? Nicht mündig – nichts gelernt? Ja, was denn? Alles? Steine kloppen oder in die Fischfabrik. – „Nein danke." Das war zum Verzweifeln. Trümmerfrau wolle ich nicht gerne werden, obgleich ich keine Arbeit scheute, aber etwas anders hatte ich mir mein Leben doch vorgestellt – wenn man zurückdachte!
Ich lief durch die Gegend, landete am Hindenburgufer und fand das Wasser wunderschön. Als ich am Ufer stand, dachte ich: Dort rechts um die Ecke ist Rostock – gar nicht weit, und nur vierzig Kilometer von da ist mein Güstrow. Was soll ich eigentlich hier? Aber hier ist Freiheit – eine merkwürdige Freiheit allerdings, denn solange ich keine gültigen Papiere besaß, fühlte ich mich nicht wirklich frei.
Ich war auf dem Weg zur Förde durch einen verwüsteten Park gekommen, stand vor riesigen Bombenkratern und sah die entwurzelten Bäume herumliegen. Diese waren viele Meter weit geschleudert worden. Bei einem sah man gespaltene Wurzeln, wovon der eine Teil aufrecht in die Höhe ragte und wohl absterben würde. Den anderen Teil jedoch ließ das Gebot der Natur den Saft der Erde wieder aufnehmen, und sein Leben ging weiter.
Genau wie einer dieser Bäume fühlte ich mich in dem Augenblick, herausgerissen aus meiner Erde und fortgetragen. Ich fragte mich: Würde ich jemals wieder Wurzeln schlagen?

Heimweh beschlich mich und große Ratlosigkeit. Ich trottete weiter mit hoffnungslosen Gedanken.
Plötzlich bemerkte ich vor einem großen roten Gebäude eine Menschenansammlung. Mal hin – mal sehen – mal fragen – ja, hier werden „jobs“ vergeben. Das Wort hatte ich hier noch nie gehört. Ich wußte nur, „job“ heißt „Arbeit“.
Ein junger Mann auf Krücken sprach mich an.
„Kannst du Englisch? Dann stell' dich an, Mädchen haben immer mehr Glück.“ Ich stellte mich an. Es wurde abgezählt, damit es kein Gedränge gab. Jeder zehnte oder zwölfte durfte hineinkommen. Etwa eine Stunde stand ich, dann wurde wieder gezählt – ich war die zehnte.
Über einen großen Flur ging es in ein Zimmer. Hinter einem Schreibtisch saß ein englischer Offizier.

Bei den Engländern

„Come in, please“, ich trat näher. Es begann ein Frage-und-Antwort-Spiel. So gut ich konnte, antwortete ich mit meinem Schulenglisch, und er verstand mich sogar. Als der Offizier hörte, daß ich soeben aus der russischen Zone geflüchtet war, ganz allein, erst achtzehn Jahre alt, sagte er sehr freundlich: „You could be my daughter, allright, you get the job.“
Ich hätte ihm um den Hals fallen mögen. All meine Sorgen, die ich vor einer Stunde noch gehabt hatte, verflogen im Nu. Womit hatte ich soviel Glück verdient?
Der Job war eine Stellung in einer militärischen Telefonvermittlung als englischsprachige Telefonistin. Etwas Besseres konnte mir gar nicht passieren, denn mit einem Klappenschrank umzugehen, das hatte ich in Güstrow gelernt. In Englisch würde es auch nicht viel schwieriger sein. Nur die Sprache mußte ich besser lernen, das traute ich mir zu.
Beschwingt rannte ich nach Hause, fiel Tante Trudi um den Hals und fing am nächsten Morgen meinen Dienst an. Damit regelte sich alles andere mit Zuzugsgenehmigung und Lebensmittelkarten von selbst. Von da an wuchs mein Selbstvertrauen, und ich begann seßhaft zu werden.

Sofort schrieb ich einen Brief an meine Eltern und teilte ihnen mein Glück mit. Wie sehr würden sie sich wohl freuen.
Bald bekam ich dann auch Post von Horst. Er hatte begriffen, daß unser gemeinsamer Weg endgültig zu Ende ging. Besonders Tante Trudi bestärkte mich: „Wenn er dir nachreist, wirst du nicht von ihm loskommen. Du bist zu jung, um dich zu binden, erst einmal mußt du nun leben, und dazu brauchst du eines Tages einen ganz anderen Mann."
Diese Worte halfen mir sehr, ihm endgültig „Dankeschön" zu sagen für seinen Schutz und ihm eine gute Frau zu wünschen, die besser zu ihm paßt als ich. Damit war das Kapitel beendet.
Meine Arbeit gefiel mir gut. Ich mußte eine Menge dazulernen. Zunächst waren wir sechs deutsche Mädchen und meine „superviser", vier Engländer, die sich als nett und hilfsbereit erwiesen. Bald jedoch wurden sie durch weibliche Kräfte abgelöst, und mit denen verstanden wir uns besonders gut.
Wir nannten unsere englische Aufsicht die „Miesen", aber so mies waren sie überhaupt nicht. Sie bedauerten uns sehr, weil wir immer Hunger hatten, und oft steckten sie uns etwas Eßbares zu.
Die schlechten Zeiten hörten auch im Westen für uns noch nicht auf. Es gab nur das Nötigste zum Leben auf Marken. Das bedeutete nicht einmal tausend Kalorien am Tag. Darum war ich schon sehr dankbar, wenn ich gelegentlich einmal von den „Miesen" eine Tasse heißen Tee mit Zucker und richtiger Sahne, dazu mitunter ein paar Kekse, abbekam.
Ab und zu konnte ich auch mal unauffällig einen angebotenen Keks in meiner Tasche verschwinden lassen, Renate freute sich darüber wie ein Schneekönig und knabberte genüßlich daran herum.
Wer keine Möglichkeit hatte, sich etwas nebenbei zu beschaffen, der war arm dran. Tante Trudi und ich waren arm dran, denn alles, was wir entbehren konnten, gaben wir Renate, sie hatte ewig Appetit.
Damals entstand der Ausdruck „Otto Normalverbraucher". Der Schwarzmarkt blühte; wir erfuhren, daß man über Mittelsleute ein Brot für sechzig Reichsmark kaufen konnte.
Ich verdiente 180 Reichsmark im Monat. Ein Pfund Butter auf dem Schwarzmarkt kostete aber 500 Reichsmark. Niemals konn-

ten wir uns das leisten, also waren wir auch nur „Normalverbraucher“. Mitunter boten mir die „Miesen“ zum Tee auch mal eine Zigarette an, diese steckte ich dann ein, denn eine englische Zigarette wurde mit sieben Mark gehandelt. Wenn ich acht oder neun Stück zusammen hatte, konnte ich dafür ein Brot eintauschen. Dann war bei uns eine Woche lang so richtig „Fettlebe“. Jedoch, es kam sehr selten vor.

Die Wochen vergingen, ich suchte verzweifelt nach einem kleinen Zimmer, denn auf die Dauer brauchte Tante Trudi auch ihr Bett wieder für sich alleine. Außerdem entließ man immer mehr Gefangene, was wäre, wenn Onkel Willi eines Tages in der Tür stehen würde? Auf dem Wohnungsamt war ich registriert, aber für Einzelpersonen gab es nichts. Es mußten noch zu viele Familien in Massenquartieren untergebracht werden, und diese hatten natürlich Vorrang. In meiner freien Zeit lief ich herum und klingelte an vielen Türen in der Hoffnung, daß ich auch hier vielleicht unerwartetes Glück haben würde, aber die meisten sahen nur durch ihr Guckloch und öffneten gar nicht erst. Oder aber es standen an einer Wohnungstür schon so viele Namen, daß ich sofort sah, es war absolut aussichtslos. Außerdem durfte man ohne Genehmigung des Wohnungsamtes nirgendwo einziehen, denn jede auch noch so primitive Dachkammer war registriert.

Die Eltern kommen nach

Ich machte mir Sorgen um meine Eltern. Sie saßen nun ganz allein in Güstrow. Auch hatte die Festnahme meines Vaters uns einen solchen Schrecken eingejagt, daß wir immer noch fürchteten, die Russen würden ihn auf die Dauer nicht in Ruhe lassen. Die Hoffnung, jemals wieder in unser Haus zurückzukehren oder noch etwas von unseren Sachen dort herauszubekommen, konnten wir begraben. Meine Mutter hatte sich einmal herangeschlichen und dabei einen Blick durch die Haustür geworfen. Es sah schlimm aus. Mein Klavier hing auf der Treppe, man muß versucht haben, es abzutransportieren, und hatte nicht damit gerechnet, daß es so schwer war. Die Gardinen flatterten zerrissen aus den Fenstern, einige Scheiben waren zerbrochen. Drinnen wurde gesungen, dazwischen hörte sie unsere Uhr

schlagen . . . Schnell wandte meine Mutter sich ab, wenn man sie als ehemalige Besitzerin des Hauses erkannt hätte, wäre sie als „Kapitalist“ beschimpft worden.
Der große Garagenhof stand voller Gerümpel und russischer Fahrzeuge. Kurz danach riegelten die Russen die ganze Straße mit einem Bretterzaun ab. Niemand kam mehr heran.
So taten meine Eltern im März 1946, als die Kälte nachließ, das einzig Richtige. Sie stiegen ebenfalls in einen Zug in Richtung Westen. Aus dem Flüchtlingslager Friedland bekam ich Nachricht von ihnen. Sie mußten dort bleiben, bis ich ihnen eine Aufenthaltsgenehmigung schicken konnte.
Wieder ging die Mühle los, aber ich war zum Glück schon seßhaft und mit allen Papieren ausgerüstet. Für meine Eltern jedoch mußte ich nun Rat schaffen.
Ich fragte zuerst meine „Miesen“, was ich tun solle. Die wurden sofort lebendig und beschafften mir von ihrer Dienststelle eine Bescheinigung, daß ich minderjährig – damals war man erst mit 21 Jahren erwachsen – und unbedingt auf meine Eltern angewiesen sei. Ein langer Schrieb, alles in Englisch mit eindrucksvollen Stempeln. Dieses Papier öffnete mir Tür und Tor. Nach 24 Stunden hatte ich die Genehmigung in der Hand, und ab ging die Post nach Friedland. Meine Eltern waren überglücklich, daß sie dem Massenlager den Rücken kehren konnten.
Inzwischen setzte ich Himmel und Hölle in Bewegung, eine Unterkunft für uns zu bekommen. Tante Trudi spürte jemanden auf, der beim Wohnungsamt arbeitete. Ich kratzte mein letztes Geld zusammen, um ein Brot auf dem Schwarzmarkt zu kaufen. Wie gerne hätten wir davon wieder einmal ein Stück für uns selbst gehabt, aber diesmal mußte es anderen Zwecken dienen.
Abends gingen wir mit dem Brot und der Bescheinigung zu dem Herrn in die Wohnung. Das Papier interessierte ihn überhaupt nicht, denn er konnte kein Englisch, aber das Brot wirkte Wunder. Es half, daß ich am nächsten Tag durch ihn zu seinem Chef vorgelassen wurde. Und dort erhielt auch meine Bescheinigung Bedeutung, die schon ganz abgegriffen war. Nach langem Hin und Her bekam ich ein hübsches großes Erkerzimmer bei einem alten Lehrerehepaar mit Küchen- und Badbenutzung zugewiesen. Das Zimmer war mit drei Betten, einem Tisch,

einem Schrank und drei Stühlen ausgestattet, was wollten wir mehr. Wir waren so bescheiden geworden, nur ein kleines Zuhause und Freiheit war unser größter Wunsch.
So landeten meine Eltern endlich, müde und zerschlagen, mit einem kleinen Sack voller Habe, in Kiel.
Nun begann eine Zeit für uns drei, die bestimmt kein Honigschlecken war.

Ein neuer Anfang

Nach der ersten Freude, daß wir es geschafft hatten, im Westen weiterleben zu können, merkten wir schnell, wie schwer es für uns werden würde. Freunde und Verwandte hatten wir hier außer Tante Trudi nicht, alles war fremd für uns, und es gab auch zunächst nichts.
Hatte drüben in der Ostzone unser Vater immer mal etwas organisiert und uns damit vor dem größten Hunger bewahrt, so blieben uns hier nur unsere Lebensmittelkarten und sonst nichts – absolut nichts.
Es gab für uns jeden Morgen eine Scheibe Brot mit einem undefinierbaren Aufstrich aus Sojamehl oder Fischpaste. Mittags aßen wir Steckrüben in Wasser gekocht und abends wieder eine Scheibe Brot oder einen Teller Milchsuppe. Pro Kopf erhielten wir einen Liter Magermilch in der Woche, die bläulich aussah und sofort anbrannte. In diesen milchigen Sud streute meine Mutter etwas Mehl, sofern sie hatte, denn die Zuteilungen auf Nährmittelmarken waren auch sehr dürftig. Diese knappe Ration mußte reichen bis zum nächsten Morgen. Die wenigen Kartoffeln, die es gab, sparten wir uns bis zum Sonntag auf. Das Fleisch, 150 Gramm in der Woche, wurde meistens in Form von Knochen oder Schweineschwänzen abgegeben, die durch das mehrfache, stundenlange Auskochen zuletzt so ausgelaugt waren, daß die Brühe wirklich nicht ein einziges Fettauge zeigte. Für Lebensmittel vom schwarzen Markt hatten wir allmählich kein Geld mehr. Mein Vater reparierte bei einer Firma alte Autos, die sowieso schon mehrfach zusammengeflickt waren, und verdiente im Monat nicht mal soviel, wie ein Pfund Butter kostete. Mein kleines Gehalt schmolz schnell dahin, wenn ich nur

ab und zu einmal ein Brot oder eine Tüte Zucker extra besorgte. Um unsere Garderobe war es ebenso traurig bestellt. Kleidung konnte niemand kaufen. In den Geschäften wurden nutzlose Küchensiebe angeboten, ehemalige Stahlhelme, durch die man Löcher gestanzt hatte. Oder es gab Kochgeschirre aus Wehrmachtbeständen. Sonst war man nur auf die sogenannten Tauschzentralen angewiesen; doch zum Tauschen besaßen wir nichts.
Ich trug immer noch abwechselnd meine zwei Kostümröcke und meine BDM-Schuhe. Mein Wintermantel, der die ganze Flucht überstanden hatte, mußte mich wohl auch noch in den nächsten Jahren vor der Kälte schützen.
Zwei Paar Strümpfe besaß ich, und das war ein großes Problem. Sie waren an den Hacken und an den Zehen inzwischen so sehr gestopft, daß meine Schuhe anfingen zu drücken. Außerdem sah es häßlich aus. So zog ich den Hacken immer tiefer unter den Fuß und nähte ihn dort fest. Aber es riß immer höher ein. Ich sehnte die warme Jahreszeit herbei, damit ich ohne Strümpfe gehen konnte. Weiter durfte man nicht denken.
So lebten wir mehrere Monate, bis ein heißer Sommer anbrach. Meine Mutter bekam von der Lehrersfrau einen alten karierten Bettbezug. War das ein Reichtum! Sie lieh sich von ihr eine Nähmaschine und nähte mir daraus ein niedliches Sommerkleid. In meiner Mutter steckten ungeahnte Fähigkeiten, wenn es darum ging, mich etwas schöner zu machen. Ich konnte mich nicht erinnern, früher jemals gesehen zu haben, daß sie ein Kleid fertigte, aber Not macht erfinderisch. Es gelang ihr prächtig, und ich war sehr stolz darauf.
Eines Tages brachte mein Vater einen kleinen Sack Haferflocken mit, den ein Kunde ihm geschenkt hatte. Auch das war für uns eine große Hilfe. Auf diese Weise wurde die blaue Milchbrühe etwas inhaltsreicher. Wir waren damals dünn wie die Heringe. Es gab einfach keine dicken Deutschen mehr.
Alles war so aussichtslos, und es überstieg unsere Vorstellung, jemals im Leben wieder ein ordentliches Paar Schuhe kaufen zu können. An den nächsten Winter mochten wir nicht denken, aber bei strahlendem Wetter war alles besser zu ertragen. Die Sonne konnte uns wenigstens keiner vom Himmel holen, sie schien für alle ohne Unterschied.

Onkel Willi kehrt zurück

In den letzten warmen Tagen des Sommers 1946 erreichte ein Gefangenentransport die Stadt Kiel. Onkel Willi gehörte zu den Glücklichen, die heimkehrten. Kurz vor Kriegsende gerieten die Reste seiner Einheit bei Remagen in amerikanische Gefangenschaft. Dort lebte er in einem Massenlager zunächst unter freiem Himmel. Sein Bett war die Erde, seine Decke der Mantel, sein Kopfkissen der Brotbeutel. Ein kleines Feuer dann und wann milderte im Herbst die Qual des Frierens ein wenig. Wer findig war, suchte sich ein Stück Pappe oder etwas Papier, um sich wenigstens für Stunden vor Kälte zu schützen. Die Männer klammerten sich zitternd vor dem Frost aneinander und flehten den Himmel an, gnädig zu sein. Achttausend Männer fürchteten sich vor dem bevorstehenden Winter. Durch ein freiwilliges Arbeitskommando, dem sich Onkel Willi anschloß, überstand er die kalte Zeit besser als viele andere, denn ein Dach über dem Kopf war das wichtigste. Ein Rheumaleiden als Folge dieser harten Monate verhalf ihm im August 1946 vorzeitig zur Entlassung. Kiel gab er als Heimatort an, denn hier vermutete er seinen Vater. Von ihm hoffte er Näheres über seine Familie zu erfahren.

Nun stand er am Bahnhof, der eine Ruine geworden war, und sah sich um. Weit schweifte sein Blick, denn von den alten Straßenzügen war nun noch wenig zu erkennen. Mauerreste zusammengestürzter Häuser und Berge von Steinen und Schutt umgaben ihn. Er machte sich in seinem langen Mantel, den zerschlissenen Schuhen und dem selbstgebastelten Holzkoffer auf den Weg zu seinem Vaterhaus. Hoffnung – gab es sie noch angesichts dieser Zerstörungen? Seine Stadt. Hier wurde er geboren, hier wuchs er auf, alles war verändert. Nur das Wasser, den Hafen konnte man von weitem sehen.

So gelangte er an den Wilhelmplatz, an dem noch mehrere bewohnbare Häuser standen, unter anderem sein Elternhaus. Erleichtert erkannte er, daß er sein Ziel erreicht hatte.

Die Nachricht vom Tode seines Vaters traf ihn schwer, aber er erfuhr, daß seine Familie in der Stadt lebte. Wieder wanderte er über staubige Wege, erkannte Überreste alter Geschäfte und sah die Menschen mit gleichgültigen Gesichern an ihm vorüberhasten. Auf manchen Trümmern wuchs schon Gras. Im Frühling 1943, in seinem letzten Heimaturlaub, hatte er seine Frau und sein Kind zuletzt gesehen. Voller Ungeduld beschleunigte er seine Schritte und näherte sich schnell der Gegend, in der er sie nun finden würde. Sie hatten keine Ahnung, daß er ihnen schon so nahe war.

Als er die Haustür öffnete, hüpfte ein kleines Mädchen die letzten Stufen der Treppe herunter, und zwei helle Zöpfe flogen hinterher. „N' Tag", sagte sie und wollte an ihm vorbei.

Schnell fragte er: „Heißt du vielleicht Renate?"

Erstaunt sah sie ihn mit ihren braunen Augen an.

„Ja – und du? Bist du etwa mein Papa?"

„Komm", sagte sie. Eine kleine warme Hand schob sich in seine und zog ihn die Treppe hinauf. Er war zu Hause.

Endlich konnten auch wir aufatmen, denn wir hatten Tante Trudis Sorgen ehrlich geteilt. Diese lange Zeit ohne Nachricht von Onkel Willi war für alle sehr zermürbend gewesen. Wenn auch recht krank und kraftlos, so war er aber endlich da.

Ein neues Leben mit Herbert

Der 8. September, ein Sonntag, zeigte sich noch wie ein Spätsommertag, und so kam es, daß meine Eltern einmal der Trümmerwüste entfliehen wollten. Wir beschlossen, mit dem Hafendampfer nach Laboe hinüberzufahren. In der Strandhalle erklang eine flotte Musik, es wurde getanzt, und Kaffee-Ersatz gab es auch. Sogar eine Art Kuchen auf Brotmarken konnte man bekommen. Hier schien es so, als ob man den Krieg nun vergessen und sich endlich wieder auf ein normales Leben einstellen könnte, wenn auch noch auf Marken. Die schwungvolle Musik, das schöne Wetter und die Möglichkeit zu tanzen, ließ besonders die jungen Leute für einige Stunden fröhlich sein. Ich hatte gerade großes Glück gehabt und durch eine Mitbewohnerin aus dem Hause ein Paar Holzsandalen für dreihundert Reichsmark erstanden. Ganz großartig fühlte ich mich mit den neuen Schuhen, obwohl sie sich ziemlich hart an den Füßen anfühlten und bei jedem Schritt laut klapperten. Aber ich war entschlossen, sogar damit zu tanzen.
Kaum hatten wir Platz genommen, da passierte das, was meinem Leben die große Wende geben sollte.
Herbert stand am Tisch. Groß, dunkelhaarig, jung und schlank. Sehr höflich fragte er zuerst meinen Vater, ob er mit mir tanzen dürfe, dann mich.
Ich schwebte auf meinen Holzschuhen dahin wie auf einer Wolke. Von dem Tag an wurde alles ganz anders – es lohnte sich wieder zu leben.
Nun begann eine wundervolle Zeit.
Alles wurde unwichtig, wenn es nicht uns beide betraf.
Das erste Rendezvous kostete meine Mutter eine schlaflose Nacht. Sie wollte mich doch zu gern etwas hübsch ausstaffieren, aber wie sollte sie es anfangen? Ich konnte doch nicht wieder dasselbe anziehen wie am Sonntag, dann dachte der Junge

womöglich, wir hätten überhaupt nichts. Eine dunkelblaue Bluse besaß ich, aber die war trist und nicht gerade kleidsam. Meine Mutter setzte alles auf eine Karte, Herbert sollte mich leiden mögen. Kurzentschlossen schnitt sie aus ihrem einzigen Bettlaken eine Ecke heraus und nähte davon einen weißen Kragen für die blaue Bluse. Das Loch im Laken bemerkte keiner, aber ich sollte nicht wie ein armer Flüchtling aussehen.

Ob der Kragen nun dazu beigetragen hat oder nicht, Herbert mochte mich leiden – und wie!

Ich war schon von der ersten Minute an begeistert von ihm, aber ganz besonders, als er ein winziges Pfeifchen aus seiner Tasche holte, es mit selbst angebautem Tabak stopfte und weltmännisch paffte. Mit jeder Faser erinnerte er mich an meinen ersten Schwarm. Er sah ihm ähnlich, sprach wie er und überhaupt . . .

Es entschied sich wohl schon an dem ersten Abend, daß wir uns nicht mehr trennen würden.

Es begann die Zeit, in der wir vergaßen, wie grau das Leben um uns herum geworden war. Herbert gehörte zu den Glücklichen, die gesund aus dem Krieg zurückgekehrt waren und die Eltern und ihr Haus heil vorfanden. Auch für ihn stellte sich die Frage: „Was nun beginnen?"

Für junge Männer, die einmal von einem ganz bestimmten Beruf geträumt hatten und von einer Zukunft, die sie sich aufbauen wollten, war in dieser Zeit wirklich alles sehr ungewiß, und es schien aussichtslos, irgendwelche Pläne zu verwirklichen. Es ging einfach nur um das Überleben.

Herberts Vater war ein sehr konservativer und streng wirkender Mann, dem nichts in den Schoß gefallen war. Er überredete seinen einzigen Sohn, zunächst einmal in seiner Praxis als Vereidigter Buchprüfer eine Berufsausbildung zu beginnen. Später würde man weitersehen.

Buchführung mußte gemacht werden. Die meisten Betriebe, auch wenn sie noch so eingeschränkt arbeiteten, konnten nicht ohne Buchhaltung auskommen. Deshalb folgte Herbert zunächst einmal dem Ratschlag seines Vaters. Er lernte ein Journal kennen und die komplizierte Lehre von Soll und Haben. Dabei nutzte er oft die Gelegenheit, Unterlagen von den Kunden abzuholen oder hinzubringen. Sehr eifrig räumte man zu der Zeit die Trümmer von Kiel auf, legte die ersten Schienen wieder frei, reparierte, so gut es ging, und alles atmete auf, als die erste Straßenbahn wieder durch die Stadt fuhr. Für fünfzehn Pfennige konnte man von einem Ende zum anderen gelangen.

Herbert richtete es meistens so ein, daß er einen Weg machen mußte zu einer Zeit, in der ich frei hatte. So trafen wir uns, oft nur um für zehn Minuten eine Straße miteinander entlangzugehen. Die Abende verbrachten wir immer zusammen, aber das warf natürlich Probleme auf. Wir wohnten einen Fußweg von mehr als einer Stunde auseinander und wußten nicht, wo wir bleiben sollten. Auf halbem Wege fanden wir schließlich ein kleines Lokal, den „Wintergarten". Dort hatten wir schnell unsere Stammecke. Serviert wurde ein Getränk, das dem Bier etwas ähnelte. Wir nannten es Dünnbier, denn es schmeckte wässerig und hatte auch keinen Schaum. Außerdem gab es dort Heißgetränk. Dieses bestand aus heißem Wasser und einem Schuß Saft von roten Beten. Es schmeckte abscheulich.

Aber irgend etwas mußte verzehrt werden. So bestellten wir, wie alle, Dünnbier oder Heißgetränk – und ließen es stehen. Was brauchten wir beide denn schon? Wir hatten eine gemütliche Ecke und uns. Außerdem spielte dort die Kapelle „Agi Hoff" und machte eine fabelhafte Musik. Agi Hoff war eine Frau und blies das Saxophon – und wie sie es blies – zum Träumen!

Inzwischen wurden wir von einer uns unbekannten Musikwelle erfaßt, die man im Dritten Reich als Negermusik verboten hatte. Populär wurde der Swing, den diese Musikerin besonders gut beherrschte. Wir waren verzaubert von den Klängen des Blues und fasziniert vom Jazz. An den Wochenenden war das Lokal so voll, daß es hieß, „erst tanzt die linke Hälfte, dann die rechte Hälfte". Auf den Toiletten wurde mit englischen Zigaretten gehandelt, sieben Reichsmark das Stück.

Als der Winter mit strenger Kälte anbrach, mußten wir als Eintritt ein Brikett abgeben, damit die Räume geheizt werden konnten. Glücklich waren wir und so anspruchslos. Freudestrahlend kam Herbert mir immer entgegen, unter dem Arm in Zeitungspapier eingewickelt das Eintrittsbrikett. Wir hatten es für einige Stunden warm und gemütlich.

Nur der Weg nach Hause war lang, denn erst brachte Herbert mich heim, und dann mußte er den ganzen Weg zurücklaufen, und alles, nachdem das magere Abendessen längst vergessen war. Mir erschien die Welt rosarot. Ich hatte meine Eltern hier, etwas Geld verdiente ich auch, und man brauchte keine Angst mehr zu haben. Zwar sah ich, wie kümmerlich meine Eltern dasaßen und daß sie es einfach nicht begreifen konnten, alles verloren zu haben. Es wurde ihnen immer wieder bewußt, welchen hohen Preis sie zahlten für ihr blindes Vertrauen, das sie einst Hitler und dem Nationalsozialismus entgegengebracht hatten. Sie würden die Enttäuschung niemals verwinden und fühlten sich vom Schicksal geschlagen.

Mein Vater war unglücklich in der primitiven und zugigen Werkstatt. Er tat sein Bestes, aber er fror den ganzen Tag erbärmlich. Jeden Mittag brachten wir ihm etwas Warmes zu essen hin, aber die dünne, fettlose Kohl- oder Rübensuppe, die wir versuchten in mehreren Lagen Zeitungspapier heiß zu halten, linderte diesen ungemütlichen Zustand nur für einige Minuten.

Improvisationen

Selbst wenn man etwas im Topf hatte, konnte man es nicht einmal normal kochen, denn Strom und Gas wurden zugeteilt. Wer über sein Maß verbrauchte, dem wurde es bis zur nächsten Dekade abgedreht. So entstand die Kochkiste.

Man polsterte eine Kiste ganz dick mit Papier oder Lumpen aus. Nur kurz kochte man das Essen an und setzte es dann dort hinein. Ein bis zwei Stunden köchelte es vor sich hin, und gar holte man es wieder heraus. Das sparte Strom.

Eine zweite Erfindung der Not war die Brennhexe.

Sie bestand aus einem winzigen, ofenähnlichen Kästchen aus Blech oder sonstigem Metall mit einem Feuerloch und einer Öffnung, auf die gerade ein kleiner Topf paßte. Dieses Kästchen konnte man mit Reisig befeuern und mit einiger Geduld langsam das Wasser zum Kochen bringen.

Das hatte natürlich zur Folge, daß diejenigen, die so ein Gerät besaßen, ständig mit wachsamen Augen durch die Straßen und Trümmer liefen, um jedes kleine Holzstück oder jedes noch so kleine Zweiglein mitzunehmen. Die Wälder waren damals so sauber wie noch nie, und nach jedem größeren Sturm durchforsteten Kinder oder auch ganze Familien die Anlagen und sammelten jedes kleinste Reisig auf. Aus den zusammengeflickten Fenstern sah man überall Ofenrohre herausragen. Richtige Zentralheizungen waren in den ersten Nachkriegswintern nicht in Betrieb. Woher sollte wohl die Kohle kommen?

Wer das Glück hatte, einen Ofen sein eigen nennen zu können, lebte in ständiger Sorge um Brennstoff. Was ist schon ein Zentner Briketts für den ganzen Winter? Und dann mußte man sich diese auch noch im Kohlengeschäft abholen, wenn die Zuteilung aufgerufen war. Das führte wieder zu einer Schwierigkeit. Man besaß ja nicht einmal einen Sack, geschweige denn einen kleinen Karren. Fahrräder oder alte Kinderwagen mußten herhalten, und wenn ein glücklicher Besitzer ein solch ausrangiertes Vehikel verlieh, dann niemals umsonst. Eine Gebühr von zwanzig Briketts erschien da schon angemessen.

Meine Eltern sahen keinen Ausweg. Sie wurden das Gefühl nicht los, sich nur auf einer Durchgangsstation zu befinden. Mein Vater lag nächtelang wach und dachte nach. Er suchte einen neuen Anfang.

Amerika! – Man konnte in besonderen Fällen auswandern. Hier war man froh um jeden, der ging, und dort wurden Fachleute aufgenommen. Mein Vater war eine solche Fachkraft, und ich beherrschte die Sprache. Der Gedanke ließ uns nicht los. Dort würde man schnell wieder hochkommen, was ließen wir denn schon zurück?

Meine Eltern nichts, aber ich. Ich müßte jemanden hierlassen, und das wollte ich auf gar keinen Fall.

Inzwischen hatten Herbert und ich einige Monate an jedem Tag mehrere Stunden miteinander verbracht, und eine Trennung war für mich undenkbar. Ich war sehr hin- und hergerissen. Meine Eltern konnte ich verstehen, und dieses Amerika reizte mich auch sehr, aber Herbert wollte ich nicht verlassen.

Meine Mutter äußerte ihre Meinung zu unseren Plänen sehr zurückhaltend und fühlte, was ich dachte. Sie hatte Angst vor dem fremden Land und bestärkte mich in meinen Gedanken. Auch war sie froh, daß ich einen so netten und guten Gefährten gefunden hatte. Deshalb sorgte sie dafür, daß diese Pläne zurückgestellt wurden. „Aufgeschoben ist nicht aufgehoben", meinte sie, „erst einmal abwarten." Und sie hatte wieder das richtige Gefühl.

Erster Besuch bei Herberts Eltern

Herberts Eltern war es natürlich nicht verborgen geblieben, daß ihr Sohn viel mit einem Mädchen zusammen war; sie wollten mich kennenlernen. Ich wurde eingeladen. Das war eine Aufregung! Meine Mutter setzte sich wieder an die geliehene Nähmaschine. Diesmal mußte eine dünne, beigefarbene Wolldecke herhalten. Es wurde ein Kleid daraus, sogar mit großen weißen Revers aus einem Handtuch. Das würde eben etwas kleiner werden, meinte meine Mutter, und die Decke, na ja, nun ging es bald zum Sommer, wer weiß, was danach sein würde. So trug ich ein neues Kleid, als ich in die Eichhofstraße ging, hatte frisch gewaschene Haare, und meine Mutter rief mir nach: „Sei recht freundlich und mach auch ja einen guten Eindruck, mein Kind!"
Und dann war alles so nett. Dieser große Herbert hatte eine ganz zierliche Mutter, fast einen Kopf kleiner als ich. Sie lachte mich gleich an und sah zu ihrem großen Sohn auf, als wollte sie sagen: „Die mag ich." Der Vater gab sich etwas reservierter, abschätzender, war eine straffe Figur. Vor ihm hatte ich Respekt. Er fragte mich als erstes, ob ich auch Care-Pakete aus Amerika bekäme. Ich zuckte innerlich etwas, Care-Pakete wurden nur an bedürftige Flüchtlinge verteilt.
Sie enthielten Köstlichkeiten, von denen wir nur träumten, denn sie wurden von Amerikanern nach Deutschland geschickt. Ich glaubte mich in diesem Augenblick als armer Flüchtling abgestempelt, aber ich reagierte wohl überempfindlich. Bestimmt hatte er es nicht so gemeint. Die kleine Mutter überspielte es geschickt. Danach gab es Tee, dazu selbstgebackene Plätzchen aus Grieß. Dieses fettlose Rezept bekam ich dann auch gleich mit. Ich fühlte mich wohl bei ihnen. Sah ich nun Herberts gemütliches Zuhause, ausgestattet mit vielen hübschen Kleinigkeiten, schönem Geschirr, bunten Kissen, kostbaren Bildern an den Wänden. Zwar ragte auch hier ein Kanonenofenrohr zum

Fenster hinaus, aber dieses notwendige Inventar nahm man gar nicht mehr wahr, es war fast überall schon selbstverständlich geworden. Ich genoß den Nachmittag. Lange war ich nicht mehr in einer so behaglichen Umgebung gewesen, das wurde mir schlagartig klar. Etwas traurig dachte ich daran, daß ich Herbert nun kein solches Zuhause zeigen konnte. Daß man alles auch einmal so schön gehabt hatte, glaubte einem keiner mehr. Sehr herzlich wurde ich verabschiedet mit der Einladung, gern und oft wiederzukommen. Herbert brachte mich den langen Weg nach Hause und wanderte die weite Strecke wieder zurück.

Als ich meinen Eltern alles erzählte, kamen meiner Mutter die Tränen. Sie weinte oft in dieser Zeit, aber diese Tränen waren andere als sonst. Sie spürte etwas auf mich zukommen, was für meine Zukunft von Bedeutung sein würde. Mit leiser Freude konnte sie in den letzten Monaten beobachten, daß die erschrekkenden Erlebnisse meiner jungen Seele keinen Schaden zugefügt hatten. Besonders in Herberts Gegenwart sah sie mich vergnügt und hörte wieder mein fröhliches Lachen wie in den Kindertagen. Sie mochte Herbert von Anfang an, und auch mein Vater war schnell mit ihm vertraut. Meine Eltern hofften inbrünstig, daß wenigstens ich in der Fremde wieder Fuß fassen würde. Diesen jungen Mann wünschten sie sich sehr an meiner Seite. Meine Mutter sah in der Begegnung mit Herberts Eltern und mir eine Festigung unserer Beziehung, darum glänzten ihre Tränen an diesem Abend anders, als wenn sie sonst einmal weinte. Wir redeten die halbe Nacht miteinander und als es schon sehr spät geworden war, meinte sie: „Siehst du, mein Kind, wie weit war doch der Weg für uns bis hierher, aber es hat wohl alles seinen Sinn."

Der lange, harte Winter ging vorüber, und als das Frühjahr 1947 herankam, erhielt ich von meiner Dienststelle ein sehr interessantes Angebot.

Entscheidung für Herbert

In Altenhof residierte der Gouverneur der Besatzungsmacht. Dieser „Regional Commissioner" hatte für einige Tage eine Konferenz einberufen und brauchte dazu zwei umsichtige Kräfte.

So wurde ich mit einer meiner „Miesen“, Miss Archer, dorthin verpflichtet. Unsere Aufgabe bestand darin, während der Konferenz alle Telefonate mit dem Ausland herzustellen und zu überwachen. Das war zu der Zeit sehr viel schwieriger als heute. Gespräche nach New York kamen nur durch Zwischenschaltung von Frankfurt und Paris zustande. Da diese aber immer wieder unterbrochen wurden, dauerte es oft zwei bis drei Stunden, ehe endlich die Verbindung bestand. Dann aber war meistens die Verständigung so schlecht, daß mit Verstärkern gearbeitet werden mußte, also eine aufregende und mühsame Sache, die viel Geduld erforderte.
Wir fanden es aber sehr interessant und meinten, trotzdem einen angenehmen Job zu haben, denn wir wurden jeden Morgen abgeholt und abends zurückgefahren. Wir aßen mit der Leibgarde des Gouverneurs, alles junge Leute, und flirteten auch ein wenig mit ihnen. Es machte Spaß.
Nach einer Woche rief man mich zum Adjutanten des Gouverneurs. Mir zitterten die Knie, hatte ich etwas falsch gemacht? Der freundliche Herr saß gewichtig hinter seinem Schreibtisch, lächelte mich an und begann zu reden.
Ich hätte mich nun schon seit Tagen dort unten am „switchboard“ bewährt. Es sei alles bisher sehr reibungslos abgelaufen, und er stelle mir in Aussicht, den Commissioner demnächst nach Holland zu begleiten. Der bekäme dort ein neues Kommando und brauche ein deutsches Mädchen für diese Arbeit, da er in enger Verbindung zu Deutschland stehen würde. Es könne ein Dauerjob werden. Ich solle es mir überlegen und ihm in den nächsten Tagen Bescheid geben.
Ich kann meine Gefühle nicht beschreiben. Das Angebot erschien mir überaus verlockend. Wer konnte in diesen Zeiten überhaupt an einen Auslandsaufenthalt denken?
Im Geiste sah ich mich schon in einem dieser Schlaraffenländer, in denen Milch und Honig floß. Trotzdem konnte ich mich nicht richtig darüber freuen. Es war wieder Herbert, der mich festhielt. Erst einmal mußte ich es Miss Archer erzählen. Begeistert meinte sie: „That’s a great chance for you, you should take it.“
Ich muß wohl ein betretenes Gesicht gemacht haben, denn sie wußte doch von Herbert. Sie sah mich an, dachte einen Augen-

blick nach und dann floß ein Redeschwall auf mich nieder. Eines Mannes wegen dürfe man niemals eine solche Gelegenheit ausschlagen, Männer gäbe es überall, ich würde ihn schnell vergessen, und ein anderer würde kommen.
Ach, konnte sie das beurteilen? So einen Herbert gab es nicht überall – nirgends gab es den – für mich gab es nur diesen einen. Miss Archer war über dreißig und noch nicht verheiratet, ich konnte mir denken, warum nicht.
Nachdenklich fuhren wir nach Hause, und ich fand keine Ruhe in dieser Nacht.
Natürlich würde alles sofort viel besser werden, wenn ich das Angebot annähme. Ich bekäme ein Gehalt in der Landeswährung, würde Pakete an meine und auch Herberts Eltern schicken, später könnte sicher meine Familie nachkommen, vielleicht auch Herbert. Was geisterte mir alles durch den Kopf. Unsinnige Gedanken hatte ich, das ging doch alles gar nicht. Ich würde Herbert verlieren. Das wollte ich aber auf gar keinen Fall und wußte plötzlich, wie ich mich zu entscheiden hatte.
Der Adjutant des Commissioners wollte es nicht glauben, als ich ihm meinen Entschluß mitteilte. Er begriff nicht, daß ich die Chance vorübergehen ließ, aus diesem armen Land herauszukommen, aber ich spürte mit einem beglückenden Gefühl, daß ich das Richtige tat. Miss Archer bedachte mich mit einem Wortschatz, den ich glücklicherweise nicht ganz verstand, sie beteuerte nur immer wieder, ich sei mit Sicherheit im Begriff, den größten Fehler meines Lebens zu machen. Ich ließ mich nicht verunsichern. Am Ende dieser Konferenz bekam ich ein fabelhaftes Zeugnis und blieb in Kiel.

Wirtschaftswunder

Nun nahm alles seinen Lauf. Die Zeiten wurden langsam besser. Es kam im Sommer 1948 die Währungsreform, und das sogenannte „Wirtschaftswunder“ folgte.
Über Nacht füllten sich die Läden mit allen Dingen, die wir so lange entbehren mußten. Wir staunten, daß alles sofort da war, und machten uns nur Gedanken, wie manche Menschen auch in den schlechten Zeiten alles gehabt haben mußten, denn die Würste

und Schinken wachsen doch nicht in einer Nacht wie Pilze aus dem Boden. Nicht nur Lebensmittel gab es wieder, sondern Haushaltswaren, Wäsche, Parfüm, Seife, Kleider, Anzüge und Schuhe konnte man für das neue Geld kaufen. Woher die schönen Dinge so plötzlich kamen, blieb uns ein Rätsel. Aber danach fragten wir jetzt nicht mehr. Wir waren glücklich und sehr bescheiden geworden. Knapp blieb von nun an das Geld.

Jeder Bürger erhielt vierzig Deutsche Mark, womit man natürlich nur einige Tage über die Runden kam. Aber ich wußte ja, wann ich mein nächstes Gehalt von 280 DM bekommen würde, welch ein Reichtum bei dem Angebot an Waren. Damit regelte sich alles von selbst.

Jetzt konnten wir richtig von vorn anfangen. Meine Eltern waren auch zuversichtlich. Eines Tages würden sie wieder eigene Möbel besitzen, und mein Vater schmiedete Pläne. Alles hatte plötzlich einen Sinn, und die Welt sah rosiger aus.

Nur wenige Tage nach der Währungsreform lernte ich Herberts Verwandtschaft kennen, denn in der Eichhofstraße wurde Silberhochzeit gefeiert. Meine zukünftigen Schwiegereltern lebten schon wochenlang vorher in Unruhe darüber, wie das Fest mit den knappen Lebensmitteln und dürftigen Möglichkeiten wohl zu bewerkstelligen wäre. Plötzlich jedoch nahm ihnen das neue Geld diese Sorge ab.

Zwar waren sie, wie viele andere auch, sehr betroffen, ihre Ersparnisse zu 90 Prozent verloren zu haben, aber der reiche Segen in den Schaufenstern und Geschäften am nächsten Tag ließ sie befreit aufatmen. Wenn man für das neue Geld die langentbehrten und notwendigen Dinge kaufen konnte, wenn diese Köstlichkeiten in Zukunft immer zu haben wären, dann wollte jeder gern neu beginnen. Mit den vierzig Mark pro Kopf kam das Geld sofort ins Rollen.

Silberhochzeit

Das Fest in der Eichhofstraße konnte stattfinden.

In der großen Küche der Wohnung entwickelten sich bereits am Vortage Wohlgerüche aller Art, und mitten darin saß mit blanken Augen Herberts kleine Mutter auf dem Küchenstuhl. In der

Hand hielt sie wie ein kostbares Kleinod eine Tasse Bohnenkaffee. Es gab endlich wieder „guten" Kaffee, und damit kehrte wie früher die Gemütlichkeit in das tägliche Leben ein.
Wie machte doch eine Tasse echter Kaffee alles leichter. Dabei konnte man nachdenken. Oder man konnte besser reden. Es wurde die ganze Stimmung viel behaglicher, wenn der Kaffeeduft die Räume durchzog. Auf jeden Fall würde man seine Gäste am nächsten Tag erst einmal mit diesem köstlichen Getränk empfangen, dachte meine Schwiegermutter und stellte die alte Kaffeemühle bereit, die sehr lange auf dem Küchenschrank geschlummert hatte. Die Verwandten aus Flensburg kauften sich von ihrem Kopfgeld jeder eine Fahrkarte nach Kiel, denn einige Tage später war für sie die Lehrerpension des Onkels fällig.
Die Lübecker mit ihrer Zahnarztpraxis konnten sich die Fahrkarten im Hinblick auf ihre nächste Abrechnung leisten. Und Tante Miete mit Onkel Hans auf dem Bauernhof in Angeln hatten schnell viele Eier zu Geld gemacht und reisten an.
Mit Braten und Wein, Kaffee und Torten, sogar am Abend Sekt, gab es ein so fröhliches Fest, wie man es sich jahrelang erträumte. Ich wurde vorgezeigt und durfte dann auch im Laufe des Abends, als die Stimmung durch den Sekt ihren Höhepunkt erreicht hatte, „Onkel" und „Tante" sagen. Die Familie nahm mich in ihren Kreis auf. Was hatten sie mir alles zu erzählen. Ich hörte geduldig zu. Sie gaben sich sehr viel Mühe, mir Herberts Jugend in allen erdenklichen Farben zu schildern. Er sei ein so artiger Junge gewesen und so gut in der Schule und immer so vergnügt. „Ein richtiges Stadtkind", meinte Onkel Hans. Nun bekam ich die Geschichte zu hören, die mir später immer wieder erzählt wurde: Einmal, sagten sie, sei der kleine fünfjährige Herbert bei Onkel Hans zu Besuch gewesen und habe sich draußen auf der Koppel mit einigen Dorfkindern vergnügt. Dann sei er aber plötzlich aufgeregt ins Haus gestürmt mit den Worten: „Onkel Hans, du mußt schnell kommen, deine Kuh ist kaputt, es läuft immerzu Wasser raus." Sie lachten alle, daß ihnen die Tränen kamen in der Erinnerung an die Begebenheit.
Endlich waren alle wieder unbeschwert und vergnügt. Ich stellte dabei fest, daß meine zukünftige Verwandtschaft sich gar nicht so sehr von meiner eigenen unterschied. Vielleicht sprachen und

handelten die Mecklenburger etwas langsamer als die Schleswig-Holsteiner – waren bedächtiger. Aber ich fühlte mich nicht fremd in Herberts Familie.
Mit viel Frohsinn und Gesang dehnten sie das Wiedersehen nach den Jahren der Not und Entbehrungen mit der Aussicht auf eine bessere Zukunft bis zum Morgengrauen aus.

Blumen für den Herrgott

Knapp drei Jahre nach unserer glückhaften Begegnung in der Strandhalle von Laboe wurden Herbert und ich in der Lutherkirche in Kiel getraut. Wir bekamen eine winzige Dachwohnung, waren die glücklichsten Menschen unter der Sonne und zählten jeden Tag unser Geld. Was wir alles wollten. Aber es reichte nicht hin und nicht her. Mit aufgemöbelten Bettgestellen der verstorbenen Großeltern von Herbert fingen wir an. Ein Wehrmachtsspind, weiß gestrichen, diente uns als gemeinsamer Kleiderschrank, und schon war das Schlafzimmer fertig. Der kleine Wohnraum der Mansarde wurde mit uralten Möbelstücken, die auf einem Boden und in einem nachbarlichen Keller die Zeit verträumt hatten, ausgestattet. Und alles gehörte uns, uns ganz allein. Wie Könige kamen wir uns vor. Ein Leben lag vor uns ohne Angst und voller Hoffnung. Wir konnten unsere Freiheit kaum begreifen. Ganz mühsam haben wir uns einen Wunsch nach dem anderen erfüllt, und das war es wohl, was uns so zufrieden gemacht hat, dieses langsame Aufbauen, eins nach dem anderen. Nur zögernd nahmen unsere Wünsche größere Formen an.
Ich weiß es noch genau: Wir warteten an einem warmen Sommertag auf den Bus, der uns von einem Ausflug ins Grüne wieder nach Hause bringen sollte. Ich freute mich auf unser erstes Kind und sah dem Gedränge im Bus nicht gerade mit Begeisterung entgegen. Da reifte ein unglaublicher Gedanke in uns. Wenn wir noch mehr sparten – ganz eisern – jeden Pfennig, den wir übrig hatten, beiseite legten, ob wir es dadurch wohl irgendwann einmal schaffen könnten, ein eigenes Motorrad, vielleicht sogar mit einem Beiwagen, unser eigen zu nennen? Es wäre zu schön, um wahr zu sein!

Ich sah mich schon im Geiste mit meinem Kind im Beiwagen durchs Leben fliegen – es war ein phantastischer Traum.
Viele Jahre sind vergangen seit damals. Es wurde uns mehr erfüllt, als wir uns erträumt hatten. Wir sind in den darauffolgenden Jahren mit allem Glück der Erde gesegnet worden, und manchmal wird mir dabei etwas bange.
Wenn wir zu der Zeit nur einmal einen kurzen Blick auf unser heutiges Dasein hätten werfen können, nie würden wir geglaubt haben, daß alles wahr werden könnte.
Herbert gab mit seiner Liebe und Fürsorge meinem Leben einen Sinn. Ich habe durch ihn in meiner neuen Heimat feste Wurzeln geschlagen. Unsere beiden Töchter wurden in eine bessere Welt hineingeboren. Ingrid, die eigentlich Ramona heißen sollte, weil zu der Zeit gerade die „Blue Diamonds" diesen hinreißenden Schlager sangen, versetzte die ganze Familie in Entzücken, und es gab für uns kein schöneres Baby.
Sieben Jahre danach geriet die Familie abermals aus dem Häuschen, denn Dorit erblickte das Licht der Welt. Dieses Kind wurde heiß ersehnt und erwartet von uns dreien. Es sah zuerst aus wie ein kleines Vögelchen und war ein Geschenk, denn es wurde am 33. Geburtstag seines Vaters geboren.
Die Orte meiner Kindheit und Jugendzeit habe ich nie wiedergesehen. Werde ich diesen Schritt in die Vergangenheit noch einmal tun?
Ich habe Angst davor, enttäuscht zu werden – alles ganz anders zu sehen, mit den Augen von heute. Was ich dort suchen würde, fände ich mit Sicherheit nicht mehr wieder.
An den Stätten meiner Kinderspiele stehen andere Häuser, es wohnen dort andere Menschen, die mir fremd sind.
Es ist „drüben".
Meine sonnigen Kindheitserinnerungen und auch die an meine überschattete Jugendzeit möchte ich mir nicht zerstören. Ich fühle mich reich durch das Erlebte und habe meine alte Heimat nicht verloren, sie ist nur wie ein Teil meines Lebens zur Vergangenheit geworden.
Wenn es den Herrgott als konkrete Person, wie ich ihn mir in meinen Kindertagen vorstellte, gäbe, ein grauhaariger Mann, im Talar mit Bäffchen, vielleicht noch mit einem langen Bart und

gütigen Augen, der die Geschicke lenkt, ich würde ihm mit einem großen „Dankeschön“ für dieses reiche Leben einen herrlichen Blumenstrauß bringen.

MARTIN SCHMIEDEBERG / CLAUS GRASS

Ostpreußen – Westpreußen – Danzig

Impressionen von heute

100 Seiten, 80 Farbbilder, 4 SW-Karten, ca. DM 49,80

ISBN 3-87550-057-1

Beide Autoren bereisten 1984 diese ehemaligen deutschen Gebiete, um die alte Heimat, so wie sie jetzt ist, im Bild darzustellen. Danzig, Thorn, Allenstein boten dabei ebenso Motive wie ländliche Idylle, ärmliche Bauernhöfe und die Seenlandschaft von Masuren. Ein Buch, geeignet, um Erinnerungen wachzuhalten und den Jüngeren ein Bild von der Gegend zu vermitteln, in der ihre Vorfahren einst lebten.

A. ERDMANN-DEGENHARDT

Im Dienste Holsteins – Katharina die Große und Caspar von Saldern

160 Seiten, über 30 Abbildungen, DM 24,80

ISBN 3-87550-059-8

Um die Vergangenheit des Caspar von Saldern und die Geschichte unseres Landes der Gegenwart nahezubringen, hat sich die Autorin der schweren Aufgabe gestellt, den Lebensweg dieses bedeutsamen Mannes, geboren in Apenrade, quer durch die ehemaligen Herzogtümer Schleswig und Holstein bis zu seinem Tode am 31. Oktober 1786 und der Beisetzung in der alten Bordesholmer Kirche nachzuvollziehen.